스물의 언덕

스물의 언덕
임영희 산문집

초판 1쇄 발행 2024년 10월 25일

지은이 임영희
펴낸이 장길수
펴낸곳 지식과감성#
출판등록 제2012-000081호

교정 김나현
디자인 강샛별
편집 강샛별
검수 주경민, 윤혜성
마케팅 김윤길, 정은혜

주소 서울시 금천구 벚꽃로298 대륭포스트타워6차 1212호
전화 070-4651-3730~4
팩스 070-4325-7006
이메일 ksbookup@naver.com
홈페이지 www.knsbookup.com

ISBN 979-11-392-2175-6(03810)
값 13,000원

- 이 책의 판권은 지은이에게 있습니다.
- 이 책 내용의 전부 또는 일부를 재사용하려면 반드시 지은이의 서면 동의를 받아야 합니다.
- 잘못된 책은 구입하신 곳에서 바꾸어 드립니다.

지식과감성#
홈페이지 바로가기

스물의 언덕

임영희 산문집

창밖엔 가을이 한창입니다
우리 사랑도
어느 땐가는 저렇게 낙엽이 되어
덧없이 흩어져 버릴 것입니다

- 본문 중에서 -

프롤로그

◇◇◇

새벽부터 빗줄기가 일정한 리듬으로 줄기차게 내리고 있다. 심란한 마음으로 문밖을 나섰다.
마당 한쪽에서 한창 개화를 자랑하던 봉숭아가 쓰러져 일어날 기미가 없다. 씨앗을 받으려면 비가 그친 후 일으켜 세워야겠다.

묘목을 심어 놓고 아무것도 해 준 게 없는 감나무가 올해 제법 많은 열매를 맺었다. 병충해와 낙과를 방지하려면 그에 맞는 처방을 받아 적절한 시기에 살포해야 한다는데 나는 엄두를 못 내고 그대로 방치했다. 그러면서도 욕심을 내려놓지 못하고 주먹만 한 설익은 낙과를 보면 안타까운 비명을 질러 대곤 한다.

호박잎이나 즐기자고 두어 포기 심었더니 울타리를 타고 사립문 꼭대기로 올라갔다. 지루한 장마철의 찜통더위에 시달리느라 호박순 돌려놓는 걸 깜빡 잊어 제멋대로 뻗어 나갔다.
애호박 몇 덩이 따서 이웃과 나눴다. 제 새끼에 손댄다고 화가 났을까? 이번에는 치마폭으로 감싼 새끼 하나를 사립문 머리맡에서 몰래 키우고 있었다. 이미 씨가 생겨 늙히기로 했다.

　시간이 흐르면서 호박도 제 무게를 감당하지 못하고 사립문이마까지 넝쿨째 흘러내렸다. 그리고 우려하던 일이 발생했다. 추석 명절 택배로 성급한 택배 기사의 이마에 그만 꽝하고 부딪는 바람에 호박의 생명줄이 끊어지고 말았다. 사람은 이마에 혹을 붙였고 호박은 얌전히 집 안으로 들어왔다.

　그동안 끄적여 컴퓨터에 담아 두었던 케케묵은 잡문(雜文)을 꺼내 먼지를 털어 냈다. 마땅한 장르를 분류할 수도 없어 뭉뚱그려 산문(散文)집을 한 권 엮기로 했다.
　글 농사나 텃밭 농사나 턱없는 역량의 어설픈 농부는 부실한 수확을 문밖에 내놓기가 부끄럽다는 말씀 덧붙인다.

2024. 9.
기찻길 옆 오두막에서 임영희

목차

프롤로그   4

제1부

플랫폼의 공포	12
파경	15
개구리 소동	18
나는 가난한 부자다	20
이른 아침에	22
작은 뜰에서	24
망초꽃	27
둘째 숙모님	29
꽃과 현금	31
사랑의 기쁨	34
나의 삶 나의 행복	36
냉이	37
동서(同壻) 이야기	38
엄마 생각	40
VIP석	43
안부	45

눈으로 향기로	46
술친구	48
어미라는 이름으로	50
분꽃	52
스물의 언덕에서	54
뒷모습이 아름다운 삶	58
망신살 뻗다	60
Me Too 운동	62
신의 은총이 충만한 밤에	63
다슬깃국을 끓이며	67

제2부

천방지축 육아 일기	74
흑백 사진	78
한 남자의 곁으로	82
함께 가는 길	86
건망증	88
아버지는 6.25 납북 의용군이었다	91
경수 아재	94
개나리 핀 꽃길을 걸으며	97
나룻배와 선장	98

사랑이 유죄다 104
기관지 확장증 107
두릅 111
옻순 도둑 113
그리운 배 여사 116
호박 서리 120
약속 123
소찬을 준비하며 127
재물보다 귀한 것 129
잘코사니 132
등단 장사 134
숙희 137

제3부

장미와 자동차 142
거리의 주정뱅이 144
왜 그때 그걸 봤을까 146
황혼의 고추밭 149
혼수 이불 153
기당폭포(妓堂瀑布) 가는 길 157
산은 사람을, 사람은 산을 품는다 163

불곡산의 심장에 새기다	167
운주계곡의 1박 2일 스케치	170
봄날에 그린 삽화	174
외나무다리	180
목련의 노래	185
착각	192
바이블과 스카프	196

제4부

먼저 사람이 되어라	198
내 남편의 집	211
윤희	214
너를 사랑하고 나는 울었다	221
말이 씨가 되었다	236
엄마는 生前에 단 한 통의 편지를 썼다	238
문득 그녀가 그리워서	242
빌어먹을 놈과 구세주	244
아녀시오를 보내며	247
하늘 한번 올려다보니	249
즐거운 장례식	251
나는 여왕보다 행복합니다	257

제5부

이 남자가 사는 법	262
그 남자 이야기	264
귀여운 남자	268
선물	270
슬픈 대화	272
허당의 美	275
가위바위보	278
다섯 살의 하트	280
일흔이나 일곱이나	283
할머니와 함께 쓴 동시	285
69와 6의 대화	287
황당한 녀석	289
예쁜 입에서	291
밀당	293

에필로그	294

제1부

플랫폼의 공포	엄마 생각
파경	VIP석
개구리 소동	안부
나는 가난한 부자다	눈으로 향기로
이른 아침에	술친구
작은 뜰에서	어미라는 이름으로
망초꽃	분꽃
둘째 숙모님	스물의 언덕에서
꽃과 현금	뒷모습이 아름다운 삶
사랑의 기쁨	망신살 뻗다
나의 삶 나의 행복	Me Too 운동
냉이	신의 은총이 충만한 밤에
동서(同壻) 이야기	다슬깃국을 끓이며

플랫폼의 공포

◇◇◇

 플랫폼에서 전철이 들어오길 기다리고 있는데 갑자기 왁자지껄하다. 나는 무슨 일인가 두리번거렸다. 그때 저만치서 웬 젊은 남자가 쩌렁쩌렁 플랫폼이 들썩이도록 괴성을 지르며 가까이 다가오고 있었다.

 사람들의 시선이 일제히 그쪽으로 쏠렸다. 나도 고개를 쑥 빼고 괴성의 출처를 좇다가 형형하게 빛을 발하는 그 두 눈과 딱 부딪혔다. 그 남자의 눈에서 불빛이 번쩍했다.

 그 남자는 먹잇감을 찾은 맹수처럼 내게로 돌진해 왔다.

 내 옆으로 젊은 남녀 학생들이 몇 명 있었는데 유독 나를 타깃으로 다가오는 그 남자에게 나는 출처도 모르는 공포감으로 휩싸였다.

 나는 자꾸 뒷걸음질을 치고 남자는 코앞으로 다가온다.

 여전히 알 수 없는 괴성을 질러 대는 남자를 사이에 두고 휴대폰을 들여다보는 학생 등 뒤로 다급하게 몸을 피하면서 애원하듯 나직한 음성으로 부탁을 했다.

 "신고 좀 해 주세요."

 그 짧은 공포의 순간, 불안감이 엄습한다.

 이대로 맞아 죽는 건 아닐까?

 내가 언제 어디서 저 젊은 남자한테 원한을 샀던 적이 있을까?

그때였다. 어릴 때 동화책에서 본 생명의 동아줄이 내 앞으로 스르르 내려왔다. 전철이 미끄러지듯 들어와 어서 타라는 듯 문이 활짝 열린 것이다. 나는 재빨리 뛰어 들어가 앞 칸으로 건너갔다.

정신없이 몇 칸 건너가서야 겨우 숨을 고른 후 자리에 앉았다. 잠시 후, 이 남자가 또 중얼거리는 소리가 저편에서 들리더니 점점 가까워졌다. 남자는 내가 앉아 있는 칸으로 건너와 맞은편 여자 앞에 섰다.

나는 바짝 긴장한다. 그 남자의 동태를 살피는데 어눌한 발음이 고막을 관통했다.

"타비가 읎다. 타비가 읎다."

순간, 긴장의 끈이 탁 풀어졌다. 두근두근 놀랐던 가슴이 안정되면서 슬그머니 부아가 치밀었다. 드디어 그 남자가 내 앞에 섰다. 이제 그는 공포의 대상에서 공포의 도가니로 몰아넣었던 과거형의 상대일 뿐이다. 그가 예의 그 서툰 발음으로 차비가 없다고 좀 달라는 부탁을 한다.

"타비가 읎다."

"나도 읎다."

그의 말이 떨어지기도 전에 반사적으로 짜증 섞인 내 대답이 탁구공처럼 튀어 나갔다. 내게 지니고 있는 현금이 없기도 했지만 놀란 마음이 여유를 찾기에는 시간이 필요했다.

그 남자 입장에서는 다 젊은 애들인데 웬 할머니가 있으니, 차비 좀 달라면 주겠거니 반가운 마음에 내게로 와 부탁을 하고 싶었는지 모른다. 그런 걸 말귀를 못 알아듣고 지레 겁을 먹어 혼비백산한 자신이 부끄러웠다.
 그날 그 공포의 순간을 떠올리면 지금도 끔찍하다. 내가 좀 더 의연한 자세로 어른스럽게 행동을 했어야 했다.
 앞으론 단돈 만 원짜리 한 장이라도 지니고 다녀야겠다는 생각을 한다. 카드로 사는 세상이니 현금이 똑 떨어져도 지갑을 채워 넣는 일에 안일하고 소홀했다. 차비가 필요하다고 다가온 그에게 지레짐작만으로 혼비백산한 게 미안하고 복잡한 마음이다.

파경

◇◇◇

오륙십 년 전 즈음 육이오 전쟁이 휩쓸고 간 농촌은 끼니를 걱정할 만큼 가난했다.

아랫집에 나보다 한 살 위 남자애가 살고 있었다.

다 임씨들이 모여 살았기에 얽히고설킨 친족이라 동네에서 연애 사건은 일어나지 않았다. 형제는 많고 살림은 가난했으나 지훈이는 장남이면서 공부를 잘했다. 부모님은 끝까지 뒷바라지를 해서 지훈이는 K시에서 교대를 졸업하고 초등학교 교사로 발령을 받았다. 그 아래 동생은 초등학교만 졸업하고 트럭 조수로 일자리를 구해 어린 나이에 고향을 떠났다. 형 때문에 둘째가 온전히 피해를 본 케이스다. 그다음 동생들은 지훈이가 벌어서 공부를 계속할 수 있었으나 둘째의 희생은 어쩌면 운명이었다.

지훈이도 중매로 근방의 아름다운 미모의 규수와 결혼을 해서 신혼살림을 차렸다고 했다. 그런데 아내는 외모만큼 품행이 단정한 여자는 아니었다. 애인을 정리하지 않고 결혼을 했으니 평지풍파를 몰고 온 거나 다름없었다. 그 시절 피아노까지 사 주며 지훈이가 반해서 결혼한 여자였다. 그런데 이상하게 신혼부부의 단칸방에 사촌 오빠라는 남자가 와 함께 기거하는 날이 점점 많아졌다.

처음엔 그런가 보다 했던 지훈이도 결국 그 사촌 오빠라는 남자의 실체를 눈치챘다. 잠자리에 누울 때는 분명 지훈이가 가운데 자리를 잡았다고 했다. 그러나 남편이 잠들기를 기다려 둘이 엉겨 붙어 불타는 밤을 보냈다. 어떤 때는 지훈이가 그 광경을 직접 목격할 때도 있었다.

웬만한 남자라면 피가 거꾸로 솟아올라 살인이라도 저지르려야 할 상황이 아닌가? 그런데도 이 순한 남편은 무서워서 자는 척(?)했다고 하니 내가 속이 터졌다. 지훈의 부모님들은 이혼을 시키는 쪽으로 가닥을 잡고 있다고 했다.

더구나 임신한 아내가 누구의 씨를 품었는지 알 수 없으니 지훈 어머니가 데리고 가 임신 중절 수술을 시켰다고 한다. 그래도 한때 시댁이었다고, 몸조리를 시킨다고 며칠 데리고 있었나 본데 한겨울에 방에 있던 날고구마를 얼마나 깎아 먹었는지 껍데기가 한 바구니가 나왔다고 했다. 얼마나 속이 허전했을까 측은지심이 들기도 했다. 행동거지 잘하고 잘 살았으면 오죽 좋았을까?

아내가 졸라서 사 준 피아노를 판다는 소문도 돌았다. 70년대 농촌에서 피아노를 매물로 내놓아도 목구멍이 포도청인데 선뜻 임자가 나설지는 모르겠다.

그런저런 불행한 결혼 소식을 전해 듣고 있었다.

내가 입덧이 심해서 친정집에 가 있을 때였는데 갑자기

왁자지껄했다. 소란스러운 진원지를 찾아 나섰다. 지훈네 마당에서 몸싸움이 벌어졌고 마을 사람들이 빙 둘러서서 구경을 하고 있었다.

여자 쪽에서 혼수를 실어 가려고 왔는데 피아노까지 싣겠다고 하자 지훈 어머니가 가로막았다. 내 돈으로 샀으니 절대 안 된다고 단호하게 거절하자 몸싸움이 벌어진 것이다. 지훈 어머니와 숙모가 한편이고 그쪽은 모녀가 한편이 되어 뒤엉켜 욕설에 고함이 난무했다. 태어나서 별 요상한 일을 다 봤다. 지훈 어머니가 누군가에게 "얼른 지훈이에게 전화해서 집으로 오라고 해!" 소리를 질렀다.

그날 지훈의 목소리가 들렸으나 무안할까 봐 나는 그 집 일을 지금까지 함구하고 지냈다.

그 후 1년이 채 가기도 전에 중매로 다시 재혼에 성공해서 아들딸 낳고 잘 살고 있다는 소식을 들었다.

뒤돌아보니 참 많은 세월이 흘렀다. 희끗희끗 서릿발 성성한 만년은 모두가 평온했으면 한다.

개구리 소동

◇◇◇

 재작년 봄, 고향 선배가 딸 셋 내리 뽑고 늦게 얻은 아들이 결혼한다고 알려 왔다.
 명동 ○○호텔로 들어서니 이미 결혼식이 진행 중이다. 빈자리를 찾아 앉았다. 두리번거리며 둘러보니 낯익은 얼굴이 눈에 띄었다. 눈인사로, 목례로 가볍게 알은체를 했다. 평소 연락도 하며 지내던 선배가 다가와 소개를 하는데 바로 앞집에 살던 2년 선배를 서로 몰라보는 해프닝을 빚기도 했다.

 60여 년 전 작은 마을에 한바탕 소동이 일었다.
 그때 개구리를 먹는다는 확인되지 않은 소문이 돌아다니고 있었다. 아이들이 이미 개구리를 잡아 집에서 기르는 닭에게 영양식으로 먹이고 있을 때였다. 영규와 몇몇 아이들이 모여 개구리를 삶아 먹기로 작당을 했다. 개구리를 잡아 군용 깡통에 넣고 뚜껑을 꽉 닫은 후 벽돌 위에 올리고 밑에서 불을 지폈다. 그리고 아이들이 빙 둘러앉아 깡통을 지켜보는 사이 "꽝" 하는 굉음이 마을을 흔들었다.
 펄펄 끓는 깡통이 폭발해서 사방으로 튀는 개구리 파편을 아이들이 고스란히 뒤집어썼던 것이다.
 지금 같으면 구급차를 불러 병원으로 직행했을 테지만 그땐 형편도 안 됐고 무지했다. 민간요법이랍시고 홀러덩 벗겨 놓고 소주를 바른다거나 혹은 된장을 바르기도 했다. 나도 할머니를 따라 화상 입은 아이들을 찾아 집집마다 들여다보았다. 벌겋게 살갗이 익어 거죽이 흐물흐물 벗겨지고 있었다.

  얼굴이며 온몸을 붕대로 칭칭 두른 그 악동(?)들이 이제 은발이 되어 그때를 추억한다,

나는 가난한 부자다

◇◇◇

'아름다운 작가' 사무국장님의 전화를 받았다. "막걸리 번개 어떠세요?" 마당도 협소하고 걸러 놓은 술의 양도 그렇고, 2~3명 정도면 우리 집으로 오라고 했다.

잠시 후, 최○○ 시인의 전화가 왔다. 김 교수가 덕정 번개에 안 가느냐고 묻던데 어떻게 된 거냐고 묻는다. 자초지종을 설명하고 일이 커지는 것 같아 당황해하자 김 교수가 털털하니까 어려워하지 말고 풋고추에 된장 찍고 막걸리만 준비하면 된다고 했다. 자기는 참석 못 해 아쉽다고 안심을 시키는 그의 세심한 배려가 참 고맙다.

아마 우리 사무국장님이 전체 문자를 띄운 것 같았다. 남양주의 이 시인에게서 늦게 참석한다는 연락이 왔다.

가장 소박하고 정갈한 막걸리 상차림을 하고 싶은데 글쎄다. 맨 먼저 임 시인이 막걸리와 삭힌 홍어회를 가지고 도착했다. 곧이어 김 사무국장이 맥주와 과자, 맛살 등 한 보따리를 둘러메고 도착했다. 짧은 인사를 마치고 조촐한 차림의 탁자 앞에 둘러앉았다. 남녀노소를 막론하고 만나면 문단의 정보가 든 보따리를 푸짐하게 풀어놓는다.

가장 늦게 도착한 김 교수가 커다란 수박과 안주로 두릅이 든 검은 비닐봉지를 들고 나타났다. 술잔이 한 순배 돌고 분위기가 무르익는다. 김 교수가 내게 왜 시를 쓰는가 물었다. 나는 얼떨결에 이렇게 답한다. 그냥 일상처럼, 숨 쉬는 것처럼 쓰게 된다고 했다. 다만 이 시 쓰기가 가난해도 부끄럽지 않고 당당할 수 있는 보이지 않는 힘을 실어 주는 것이다. 비굴하지 않아도 좋았다. 그저 이 기찻길 옆 오두막과 내 손바닥만 한 텃밭과 낡은 컴퓨터가 나의 삶을 풍요롭게 한다. 나는 이거면 족했다.

  늘 멀고 누추한 곳까지 찾아 주는 문우들이 참 감사하다.

  협소하고 남루한 곳이지만 소박하고 아담하다고 내 작은 뜰의 둥지를 미화시키면서 살고 있다. 내 삶의 주인공은 나니까 내 인생을 어떻게 디자인하고 운영하느냐가 삶의 질이 형성되는 관건이다. 반드시 풍요로운 물질이 행복과 정비례하는 건 아니라는 걸 진즉에 시를 쓰면서 터득한 나는 누가 뭐래도 가난한 부자다.

이른 아침에

◇◇◇

예전에 들었던 노래 가사 한 소절 생각나는 아침이다. '제멋에 산다지만 미워 죽겠어'라는 말은 많은 뜻이 함축되어 있으니 새겨 볼 만한 가치가 있다는 생각이다.

고집 센 노인이란 말 듣지 않으려면 입은 닫고 귀는 활짝 열고 살아야지 하는 생각을 한다. 내 허물을 지적하면 기분 좋을 사람 없다. 그러나 자신을 돌아볼 줄 아는 여유를 가져 보는 것이 좋다. 욱 치미는 분노로 저는 얼마나 잘나서 그러냐 하는 반감은 갖지 말자. 나잇값 못 한다는 반증이라는 생각이다. 충고도 공개적으로 비난하는 투로 하는 것보다 둘이 마주 앉아 진심을 담아 전달하면 훨씬 설득력도 있고 상대방도 쾌히 받아들일 거라는 생각이다.
'공짜일 때 우르르 몰려가고.'
참 디테일한 부분까지 관심 갖는 친구들이 부럽다는 생각이다. 얼마나 시간이 남아돌면 저런 걸 일일이 스케치하고 소문을 띄울까.
친구들 생김생김이 다 다르듯 사는 형편도 다 다르다. 여유 있는 친구가 주머니 가벼운 친구들을 위하여 거금도 기꺼이 쾌척한다. 하여 친구들이 감사한 마음으로 행복한 시간을 즐긴다면 더할 나위 없다는 나의 지론이다.

 여름 초입이니 분명 계절상으론 초여름인데 대지는 펄펄 끓는다. 밤낮없이 지지고 볶아 대니 나는 집에 박혀 밖에 나갈 엄두를 내지 못하고 있다. 먹고 자고 살찌는 게 일과처럼 되었으니 어쩌자는 것일까.
 면역력을 갉아먹고 자라는지 덩치는 자꾸 커 가는 데 비례해서 체력은 바닥을 기고 있다. 이 긴 여름을 어떻게 견딜지 모르겠다. 문밖을 나서면 온 지구가 불에 달군 프라이팬 같다. 텃밭 채소들도 힘에 겨운지 타들어 가거나 축 늘어졌다.
 나는 추위도 더위도 유난히 힘들다. 더구나 대상포진이 재발할까 겁나서 몸을 사리게 된다. 산행이나 걷기, 당구 등등 다양하게 즐기는 친구들이 부럽다.
 얘들아, 꾸준히 건강 챙기고 지글지글 타는 여름도 맛있게 즐겨라.

작은 뜰에서

◇◇◇

 몇 년 전 작은 마당 한가운데 백합나무 묘목 한 그루를 식재했다. 그냥 심어 놓고 의붓자식처럼 방치했을 뿐인데, 병충해도 없이 어찌나 잘 자라는지 머리가 하늘에 닿을 듯하다.
 사계가 뚜렷한 백합나무는 연둣빛 새싹을 낳고 꽃도 피워 올린다. 무성한 그늘을 만들고 새가 둥지 틀 공간도 제공했다.
 시월이면 곱게 물들인 황금 지폐를 마당 가득 수북하게 깔아 놓아 나를 즐겁게 한다. 마치 주단을 밟고 걷는 기분이다. 간혹 낙엽을 안 쓸어 내는 이유를 묻는 이가 있다. 그럴 때마다 내 답은 간단명료하다.
 "어디서 더 퍼다 붓고 싶어."
 한해 한해 나이테를 두르며, 나는 저 백합나무와 함께 다정하게 늙어 가리라.

 화사한 복사꽃을 즐기고 싶어 묘목 한 그루를 심었다. 어린 묘목이 자라 꽃을 피웠을 때의 감동도 잠시였다. 꽃이 머물다 간 자리에서 복숭아도 볼 수 있겠거니 했는데 벌레가 꼬이기 시작했다. 이어 송진 같은 끈적이는 게 흘러내리고 나무의 모습은 아주 흉하게 변해 갔다.
 난 미련 없이 나무를 싹둑 잘라 내고 그 자리에 대추나무

한 그루를 심었다.

 3년이 되던 해 봄날이 다 가도록 게으름을 피우던 대추나무가 뒤늦게 꽃을 피워 주렁주렁 열매를 맺는다. 대추나무는 가지가 찢어지도록 연신 꽃을 피우고 열매 맺기를 계속했다. 그러나 농약이나 영양제도 안 친 자연 그대로의 농법은 실익이 없었다.

 벌레가 파먹은 대추는 거의 다 낙과가 되고 말았다. 수북하게 떨어져 쌓인 대추를 보면서 거저 얻을 수 있는 것의 한계를 느끼고 있다. 욕심부리지 말자고, 벌레가 먹고 남긴 걸 먹어도 좋다고 새삼스럽게 살충제를 치는 따위는 하지 않기로 했다.

 대추 한 줌을 수확하면서 잘 익은 걸 골라 딱 깨물었다. 아, 달콤한 육즙이 샘물처럼 솟아 입안을 가득 채운다. 내 입에 넣는다고 생각하면 수확량은 적어도 이것이 정답이다. 작열하는 태양과 태풍과 폭우를 맞으며 사계절을 건너와 내게로 온 대추 몇 알이 소중해서 행복한 것이다.

 이제 가을도 깊어 월동 채비를 서둘러야 하는데, 절기상으로 분명 그런데 봄 날씨처럼 연일 포근하기만 하다. 서리 맞아 풀죽은 호박 넝쿨을 정리하는데 "어라?" 샛노란 개나리가 저도 겸연쩍은지 방긋 웃으며 올려다보는 게 아닌가.

 시도 때도 모르고 코스모스나 목련이 피는 걸 봤다. 그런데 개나리가 가을에 피었다고 호들갑을 떨 일은 아닐지도 모른다.

요즘 인간 사는 세상이 미쳐 돌아가고 있으니 꽃인들 제정신일 리가 없는 것은 당연하다. 그래도 국화 몇 송이 꺾어 개나리와 묶어서 빈 쌍화탕 병에 꽂아 식탁에 올려놓고 즐긴다.

국화와 개나리가 공존하는 나의 작은 뜰에서 빈약한 시월의 봄이 한창 진행 중이다.

망초꽃

◇◇◇

 삼십 대 후반, 문단에 발을 들여놓고 망초꽃이라는 이름을 처음 접했다.
 그때 동료 문인의 문학 작품에 등장하는 망초꽃이 도대체 어떻게 생긴 꽃일까 매우 궁금했었다. 슬쩍 눈치를 보니 주변인들은 다 알고 있는 듯했다. 나만 모르고 있다고 생각하니 조금은 답답했다. 나의 무지가 들통날까 봐 선뜻 물어볼 수도 없었으니 벙어리 냉가슴 앓기였다.
 그리고 세월이 한참 흐른 뒤, 고향의 들과 산에 지천으로 깔린 그 하얀 꽃이 망초꽃이라 불린다는 사실을 알고 실소를 금치 못했다.
 낫 놓고 기역 자도 모른다는 속담처럼 망초꽃을 손에 쥐고도 망초꽃을 몰랐으니 두고두고 쓴웃음을 짓곤 했다.
 사실 고향에서 그 꽃을 망초꽃이라고 부르질 않아서 벌어진 해프닝이었다. 여기서는 풍년초나 담배나물이라고 불리기도 한다.

 그런 일화를 겪은 내게 선물처럼 망초꽃 씨가 날아들어 오두막 작은 뜰에 뿌리를 내리고 싹을 틔웠다. 나는 물도 주고 잡초도 뽑아내면서 그가 잘 자랄 수 있게 도왔다. 보답이라도 하듯 마침내 꽃을 피워 낸 망초꽃을 바라보며 나는 감회에 젖는다.

자세히 들여다보니 하얗게 피는 망초꽃도 양귀비 못지않게 단아하고 사랑스러운 꽃이라는 생각이다. 다만, 너무 흔하게 아무 데서나 피어 대니 희소가치가 없어 대접받지 못하는 천덕꾸러기가 되어 있는 것이리라.

둘째 숙모님

◇◇◇

 차일피일하다 어렵게 찾아뵌 숙모님은 93세의 고령임에도 불구하고 정정하셔서 마음이 놓인다. 40 후반에 홀로되셔서 6남매를 반듯하게 키워 내신 숙모님이시다. 다리가 좀 불편하셔서 외출이 어려울 뿐, 아주 건강하고 편안해 보이신다. 반갑게 맞아 주신 숙모님께선, 물고기가 물을 만난 듯 이야기보따리를 풀어놓고 시간 가는 줄 모르셨다.
 예전에 숙모님과 공유하고 있었던 일들을 되짚어 풀어 내니 나도 덩달아 즐거웠다.

 어머니가 숙모님을 동서로 들이시고 한집에서 살던 시절의 이야기다. 부엌에서 고기를 삶으면 새끼나 지푸라기에 꿴 채로 건져 도마와 칼을 쟁반에 담아 방으로 들여보냈다고 한다. 어머니가 습관처럼 늘 하던 대로 그리하니 갓 시집 온 숙모님께서 쟁반을 빼앗아 고기 한 덩이를 싹둑 베어 내셨다고 한다.
 "형님, 왜 다 들여보내셔요. 우리는 안 먹나요?"
 쟁반을 들고 가던 고모는 징징거리고 어머니는 통쾌하셨다고 한다.
 어머니는 고기 한 점 못 드시다가 너희 작은엄마 덕분에 고기를 먹을 수 있었다고 말씀하셨다. 어머니 말씀대로라면 할머니께서 친정이 가난한 어머니를 깔보시더니 부잣집에서 시집온 작은 며느리가 좀 무례한(?) 행동을 해도 아무 말씀 못 하시더라냐?

　가사 도우미가 하루 3시간씩 다녀가면 홀로 외로워서 말동무가 그리운 숙모님이시다. 늙으면 고독이 제일 무섭다고 인간은 고독해서 죽어 간다는 말이 있다.
　"누나 글 쓰는 데 좋을 환경이니 자주 내려와 묵어가세요."
　사촌 동생의 말대로 해도 좋겠다는 생각을 한다. 다행히 주변에 수덕사와 윤봉길 의사 사당과 대천항 등이 있다. 더불어 백종원의 골목 식당으로 유명한 해미읍이 근거리에 있으니 꼭 한번 찾아 보리라.

꽃과 현금

◈◈◈

해마다 맞는 생일이지만 오십 대의 마지막이라고 생각하니 소회가 다르다.

처음 맏사위를 맞던 해부터 무슨 기념일마다 커다란 꽃바구니를 받곤 했다. 눈부시게 아름답던 꽃바구니가 시들어서 버릴 때쯤이면 돈 아깝고 쓰레기 봉지에 구겨 넣기도 까다롭다. 하여 눈치를 살피며 이젠 꽃은 그만해도 좋다고 딸 내외에게 일렀다. 그리고 사위는 이번 생일에 내 작은 서재에 에어컨도 달아 주고 거금 일백만 원을 용돈으로 건네주었다. 장교의 박봉으로 저희 살기도 넉넉지는 않을 텐데 하면서도 염치없이 받아 챙겼다. 그랬는데 가슴 한쪽이 왜 이리 허전한지 모르겠다. 내가 혹 돈만 밝히는 엄마로 아이들 눈에 비친 건 아닌지? 이젠 꽃 한 송이 선물받을 곳도 없고 나의 감성은 황무지처럼 메말라 간다.

우리 엄마는 현금만 좋아한다고 오해(?)하는 아이들에게 고백해 볼까? 매번은 아니더라고 특별한 날에는 작은 꽃다발 정도는 사양하지 않겠노라고 말이다.

지난 토요일은 양주 작가회 월례회가 있는 날인데 마침내 생일과 겹쳤다. 형제들과의 식사는 하루 미뤘고 가족들과 조촐하게 저녁 파티를 약속했는데 모임에 안 갈 처지도 아니라서 일단 참석을 했다. 내가 벌써 진갑이라니 세월의 무상함이 새삼 서글펐다. 나이 든다는 게 뭐 감투도 아니고 쑥스러워 입 밖에 내질 않았다. 오히려 당당하지 못하고 자꾸만 움츠러드는 기분이다.

여느 때처럼 회의를 마치고 회식 중인데 옆자리의 회원에게 슬쩍 사진과 카드 내용을 보여 준 게 화근(?)이었나 보다. 막내가 꽃바구니에 현금 봉투를 얹어 "임 여사의 인생은 오늘부터입니다."라는 리본 띠를 둘러 준비한 사진이었다.

그걸 알아챈 사무국장이 식사 후 잔디 광장으로 가 가볍게 한잔하자는 멘트에 우르르 일어나 몰려갔다. 간단하게 다과 좀 준비한다고 일부는 마트로 들어가고 일부는 잔디밭으로 먼저 가 자리를 잡는다. 그리고 마트에 다녀온 회원들이 검은 비닐봉지를 풀어 조그만 케이크와 술, 안주 몇 가지와 과자 등등을 펼쳐 놓는다.

음력 열나흘이라 둥근달이 두둥실 떠올랐다. 바람은 시원하고 별은 총총하게 돋았다.

케이크에 촛불을 밝히고 "내 인생은 오늘부터"를 마음껏 외쳤다. 아마 놀러 나온 시민들이 놀랐을 것 같다.

집에선 애들이 자꾸 전화를 해 댔다. 이미 난 빠져나갈 구실을 찾을 수가 없는 지경에 이르고 말았다. 노래와 율동과 시 낭송과 첫사랑의 사연으로 우린 밤이 깊어 가는 줄도 모르고 마냥 동심에 젖는다. 밤 산책을 나온 시민 몇몇이 박수를 쳐 준다.

평생 잊지 못할 어느 화려한 잔칫상보다도 더 유쾌한 내 진갑 날 밤은 그렇게 선물처럼 저물어 갔다.

사랑의 기쁨

◇◇◇

오늘은 장맛비가 간간이 내리고 있다.

컴퓨터를 열어 쓰다 만 원고를 다듬어 전송하고 텃밭을 한 바퀴 돌았다. 해마다 제멋대로 돋아 자라는 돌깻잎은 향기가 진하다.

풋고추와 깻잎, 부추 한 줌을 잘라 감자, 애호박을 썰어 빈대떡 몇 장을 부쳤다. 제대로 구색을 맞추려면 딱 막걸리가 제짝인데 집에는 없다. 코앞에 마트가 있지만 귀찮아서 커피로 대신했다. 이럴 때 가까이 친구가 있었으면 좋겠다.

"야! 막걸리 한 병 들고 와라."

그러면 하던 일손 멈추고 단숨에 달려오는 친구 하나쯤 있었으면 좋겠다. 유안진의 '지란지교'를 꿈꾸는 건 아니더라도 가까이 술 한잔 나눌 수 있는 친구가 있었으면 좋겠다.

저 빈대떡 한 장에 막걸리가 어울리듯 무슨 말인가 토해 놓고 싶을 때 귀 기울여 주는 친구가 있었으면 좋겠다. 설사 내 말이 억지이고 틀렸어도 "네가 옳다" 하고 어깨를 다독여 주는 그런 친구가 그립다. 혼자서 빈대떡을 찢어 입속에 넣는 손길의 쓸쓸함이 퍼붓는 빗소리로 배가 되는 오늘, 나는 이 외로움을 차라리 즐기는 쪽으로 방향을 틀었다. 어차피 누구나 다 결국은 혼자인 거다.
　냉장고를 열어 찬 맥주 한 병 꺼내고 오랜만에 먼지 앉은 전축 앞에 앉는다. 엘가가 작곡했다는 2악장의 바이올린 협주곡 「사랑의 기쁨」이 달콤하게 나를 감싸며 돈다. 혼자서 즐기는 이 고즈넉한 맥주 한 잔의 여유가 나를 무아지경으로 이끌고 간다.

나의 삶 나의 행복

◇◇◇

　화사한 복사꽃 살구꽃 몇 번 감상하다가 봄날은 가고, 더워서 못 살겠네 몇 번 중얼거리다 여름도 갔다.
　춥지도 덥지도 않은 계절이 좋은지, 길가의 코스모스도 낭창낭창 한들거리는 이른 아침이다. 아직 이슬이 채 마르지도 않은 텃밭을 둘러본다. 눈만 뜨면 무성하게 자라는 잡초를 보면서 어쩌면 불필요한 것들은 태생적으로 질긴 생명력을 가지고 있는 건 아닐까 생각한다.
　원하지 않는 흰머리가 자꾸 자라 서글픈 나이가 흡사 저 잡초를 닮은 것 같다. 자연스럽게 받아들여야 하는데 아직은 순리를 배반하면서 자꾸 염색약을 찍어 바르며 살고 있다.
　이제 좋든 싫든 평균 수명 100세 시대를 살아 내야 하는 과제가 눈앞에 와 있단다. 친구의 말에 의하면 재수 없으면 백 세까지 산다나 뭐라나. 단순한 우스갯소리로만 들리지 않는다. 비참한 긴 노후를 비껴가려면 건강한 몸과 마음을 다스려 소비와 생산을 적절하게 균형을 맞추며 사는 게 현명하다 하겠다.
　농산물 직거래 카페에서 보리쌀 2킬로그램을 주문했다. 구수한 보리밥을 고슬고슬하게 지어 강된장을 끓이고 내가 가꾼 푸성귀를 씻어 커다란 양푼에 뚝뚝 잘라 넣고 쓱쓱 비벼야겠다. 크게 한 숟가락 푹 떠 양 볼이 볼록하게 우물거리면 천하의 산해진미가 부럽지 않을 것 같다.

냉이

◇◇◇

 해마다 이맘때면 그리운 냉이를 만나러 간다. 이른 봄 언 땅에서도 끈질기게 살아남아 반기는 그녀의 얼굴이 반갑다.
 "나 좀 빨리 꺼내 주세요."
 애원하는 눈빛을 보니 마음이 급하다. 행여 종아리의 솜털 하나라도 다칠세라 조심스러운 호미질로 그녀의 아랫도리를 끌어올렸다. 토실토실 오동통하게 살이 올라 하얀 종아리가 탐스럽다.
 내가 어릴 적 나의 고향에서는 냉이를 '나씽개'*라고 불렀다. 학교에 다니면서 냉이가 표준어라는 걸 알았으니 내 아랫대의 젊은이들은 나씽개라는 단어가 생소할 거라는 생각을 잠시 해 본다.
 "어서 가자, 집으로."
 먼 바다에서 온 모시조개가 해감을 끝내고 오랜 시간 항아리 속에서 잘 익은 구수한 된장이 너를 얼마나 기다리고 있는지 아니? 걔들과 어우러지면 시너지 효과 때문에 너의 진가는 훨씬 배가되는 거야.

---

* 충청지방에서 부르는 '나씽개'는 냉이의 방언이다.

동서(同壻) 이야기

◇◇◇

 북적거리다 훌쩍 떠나간 피붙이들의 뒷정리를 하는 명절 끝 언저리에서 잠깐 일손을 멈추고 사촌 동서를 생각한다. 이젠 작은 아버님 제사로 함께하지 못하지만 작은댁 식구들까지 모여 명절을 맞던 때가 있었다.
 시숙부모님과 일가를 이룬 남편 형제들과 사촌 형제들이 모이면 큰집 손부라는 자리는 엉덩이 한번 붙일 틈 없이 일사분란하게 뛰어다녔던 때가 있었다. 아마 지금 그 시절이 다시 온다면 미련 없이 사표를 쓸 것이다.

 이제 세월이 많이 흘러 동서 내외와 미혼인 조카와 단출한 명절 차례를 지낸다.
 딸만 둔 맏며느리가 남편의 부재에도 불구하고 변함없이 이 자리를 지킬 수 있는 건 어쩌면 시동생 내외의 속 깊은 배려가 아닐까 생각한다.
 홀로된 맏동서가 제사 준비한다고 대구에서 양주까지 일가족이 고생을 마다 않고 찾아온다. 덕분에 나는 명절이 쓸쓸하지 않아서 좋았다. 집안 어른들께서 남편 장례식 때 "이젠 너희가 제사를 모셔라." 하셨기에 거기서 간단히 지내도 될 텐데 말이다.

경기 구리에 사촌 시동생 형제와 숙모님이 살고 계신다. 이번 설에 시동생네가 오는 길에 거길 들러 왔는데 사촌 동서가 보냈다고 비싼 딸기를 한 바구니 들고 왔다. 세상에 한겨울에도 이리 크고 맛난 딸기를 맛볼 수 있다니….

시숙부님 생전 제사가 갈리기 전, 통 큰 사촌 동생 부부가 명절이나 기일이면 최고의 품질 좋은 생선이나 과일을 들고 와서 입을 호강시켜 주었다. 좋은 직장에 다녀 수입은 많다지만 애들 셋이 유학 중이니 얼마나 지출이 많을지 짐작이 간다. 그래도 출가한 사촌 시누이 둘이서 친정 조카 학비에 보태라고 거금을 쾌척했다고 시누이 자랑이 대단했다. 마음 씀씀이가 넓고 고우니 복받은 거다. 세상에 공짜는 없는 법이니까.

울 남편 투병 생활 할 때도 얼마나 잘했는지 늘 감사한 마음이다. 돈 많다고 쓸 때 척척 쓰는 거 아무나 하는 건 아니다.

울 동서도 물론 심성 착하고 올곧은 사람이다. 단언컨대 삼십 년이 넘도록 한 번도 동서지간에 언성을 높인 적이 없으니 내가 동서 복은 타고났다고 생각한다.

지금 창밖엔 싸락눈이 소리 없이 쌓여 가고 나는 텅 빈 집안에서 명절의 흔적을 지우고 있는 중이다.

엄마 생각

◇◇◇

 단독에 둥지를 튼 지 10여 년이 넘었어도 마땅한 눈(雪)설거지에 필요한 도구가 없다. 그다지 넓지 않은 마당이라 빗자루만 있으면 대충 쌓인 눈을 양옆으로 쓸어 모아 길을 내고 살았다.
 그러나 엊그제 오랜만에 폭설이 내려 상황이 달라졌다.
 친정 남매 단톡 방에 질문을 했다. "눈 치울 때 밀고, 멍석에 나락 말릴 때 쓰던 물건 이름이 뭐였지?" 기억에 도무지 그 물건의 이름이 없다. 바로 아래 남동생이 즉각 답을 올렸다.
 "넉가래라고 하지."
 넉가래? 넉가래….
 왜 그리 낯설고 생소한지 모르겠다. 그것과 비슷한 고무래가 생각났다. 넉가래는 밀어 내는 데 반해 고무래는 앞으로 그러모으는 역할을 했다.
 아궁이에 재가 쌓이면 불을 지필 수 없어 고무래와 삼태기를 가지고 아궁이 앞에 앉아 아궁이 속을 들여다보며 저 안쪽에 있는 재까지 긁어 내 삼태기에 담아 냈다. 그런 날은 아궁이에 지핀 불이 활활 잘 타올랐다.
 어머니는 청솔가지를 아궁이가 미어지게 욱여넣고 마른 솔잎을 불쏘시개로 불을 붙였다. 그러면 아궁이 밑바닥부터 불길이 타오르며 굴뚝으로 미처 빠져나가지 못한 연기가 부엌을 가득 메웠다. 세숫물을 받으러 스테인리스 대야를 들고 부엌문을 열었다. 엉성한 부엌문에 붙은 쇠붙이 문고리는 성에가 끼어 손에 쩍쩍 달라붙고 연기 속에 묻힌 어머니의 모습이 아른아른 보였다.

 어머니는 얼른 큰 가마솥에서 더운물 한 바가지를 떠 대야에 부어 주셨다. 아궁이에서 나무가 타고 나면 어머니는 화로에 그걸 담아 화롯불을 만들어 방에 들여놓으셨다. 보글보글 찌개 냄비도 올려놓고, 고구마나 밤도 굽고 쓸모가 참 많았다.

 날고기나 날달걀도 신문지에 물을 적셔 돌돌 말아 화롯불 속에 묻어 두면 기가 막힌 간식거리로 둔갑을 했다.

 긴 겨울밤 마실꾼들이 화롯불을 가운데 놓고 밤 깊은 줄 모르고 도란도란 이야기꽃을 피우기도 했다.

 그러면 어머니는 뭐 입맛 다실 것이 마땅치 않으니 뒤란에 묻어 놓은 김치 한 폭 꺼내 썰고 큰 양푼에 찬밥을 쏟아 붓고 화롯불에 올렸다. 그리고 참기름과 고추장을 넣어 쓱쓱 비벼 밤참을 대접하며 즐거워하셨던 나의 어머니.

 옛날 농가의 뒷간 옆에는 잿간이 있어 재를 모아 두었다. 요강도 거기에 쏟아 비우고 아이들이 마당에 변을 보면 삽으로 똑 떠서 잿간으로 휙 던졌던 기억을 한다.

 그게 거름으로 요긴하게 쓰였으니 자연과 순환을 반복하

며 살던 시절이 가끔은 그립다. 좀 불편하고 부족하게 살았어도 깨끗한 자연환경에 마음 놓고 아이를 키울 수 있었다.

편리함을 좇아 플라스틱이나 폐비닐이 산더미처럼 쌓이는 쓰레기더미를 보면 무섭고 한숨이 나온다. 오랜 기간 썩지도 않는다니 점점 공기는 탁하고 오염되어 생물도 몰살하는 재앙이 반드시 오고 말리라.

우리의 잘못으로 후대에 이런 세상을 물려주다니 부끄럽고 또 부끄럽다.

우리 어린 날에는 아카시아꽃이나 진달래꽃을 맘껏 따 먹고 흙바닥에 굴러도 탈 없이 자랐다. 장날 고등어나 생태 몇 마리 새끼줄에 엮어 들고 오면 온 동네 사람들이 저 집 오늘 식탁이 풍성하겠구나 부러워하기도 했었다.

푸줏간에서 고기를 신문지에 둘둘 말아 싸 주면 살점에 붙은 종이를 물에 불려 떼어 내던 시절도 있었다. 그땐 자연과 인간이 서로 돌려주면서 살았으니 '쓰레기'라는 단어도 별로 쓸 일이 없었던 시절이다.

울도 담도 없는 집이나 대문을 열어 놓아도 도둑 걱정 없이 살았다. 서로 정을 쌓으며 살던 내 유년의 그리운 부모님과 고향 사람들을 언제 어디 가서 다시 만날 수 있을까?

국책 사업의 일환으로 고향을 밀어낸 그 자리에 세종시가 들어섰다. 이제 어디가 어딘지도 모르게 고층 아파트가 시멘트 숲을 이루고 우뚝 솟은 세종 청사가 위용을 자랑하고 있을 뿐이다.

VIP석

◇◇◇

　12월의 새벽 6시 40분, 아직 세상은 어둠 속에 묻혀 있는데 나는 패딩으로 몸을 꽁꽁 여미고 집을 나섰다. 거리에는 자동차들이 두 눈에 불을 켜고 휙휙 내달린다. 이른 새벽부터 하루를 시작하는 사람들은 빠른 걸음으로 덕정역을 향한다.

　소요산에서 출발하는 1호선 열차 안 풍경은 늘 비슷했다. 한국 사람 특유의 기질인지 먼저 4개의 구석 자리를 찾아 앉는다. 그다음에 옆 사람과 행여 옷깃이라도 닿을세라 양 옆으로 빈칸을 두고 앉는다. 그런 순서로 정차하는 역마다 승객들이 빈자리를 채워 나갔다. 나도 예외는 아니라서 구석 자리 하나를 골라 앉는다.

　이른 새벽의 열차 안을 둘러보면 볼거리가 많다. 어떨 땐 승객들이 제복을 입은 것처럼 하나같이 검은 패딩을 입고 나란히 앉아 앞줄의 사람들과 마주한 모습이 우습기도 했다.

　아직 채 마르지 않은 머리칼을 하고 바쁜 손놀림으로 열심히 화장하는 젊은 여자와 꾸벅꾸벅 졸음에 시달리는 학생의 모습은 익숙하다. 아예 깊은 잠에 빠져 코를 고는 허름한 노동자 차림의 중년 남자는 고된 삶의 애환이 엿보여 찡한 슬픔이 감지되기도 한다.

　예전에는 조간신문을 읽는 사람들이 대부분이었으나 이제

핸드폰을 들여다보는 승객들이 십중팔구다. 하나같이 폰을 들여다보는 사람들은 옆에 누가 앉든 관심은 없다.

  고작 서너 역을 건너 하차하는 나는 요즘 사소한 버릇 하나가 생겼다. 누구나 먼저 차지하는 게 주인인 이 구석 자리는 소위 VIP석이라 할 만하다. 내가 자리에서 궁둥이를 떼기 무섭게 옆자리의 승객이 재빨리 옮겨 앉는 걸 회심의 미소로 바라보는 것이다. 늘 영락없이 행해지는 자리바꿈의 모습이 앞 유리창에 투영되는 것이다.

  왜 어떤 심리로 사람들은 구석 자리를 선호하는 것일까?

안부

◇◇◇

사는 게 다 그렇듯 뚜렷이 하는 일도 없으면서 무에 그리 바쁜지 늘 동동거리며 살고 있다.

까맣게 잊고 살거나, 가끔 안부가 궁금하거나, 끈질기게 관계를 잇고 있거나 지는 나이 탓일까? 모두 소중하고 그리워지는 요즘이다.

강 교수님은 늘 가슴 한쪽에 묻어 두고 추억하는 분이다.

문단에 첫발을 디뎠을 때 후한 작품 평으로 용기를 주셨던 선생님과 각종 행사에서 함께할 수 있었던 것도 행운이고 영광이었다. 온화한 미소와 인자한 말씀으로 새까만 후배들을 배려하셨던 분이다. 나는 선생님의 인품을 존경했다.

얼마 전 그분의 근황을 접했다. 나의 안부를 궁금해하셨다는 선생님도 강산이 두 번이나 바뀌는 동안 사진으로 뵈니 참 많이 늙으셨다. 나도 그만큼 변했다는 방증이다.

이북에 고향을 두신 분이다. 보령에 거처를 마련했다는 선생님은 백 세를 눈앞에 두고도 왕성한 활동을 하고 계신다.

더 늦기 전에, 이 봄 가기 전에 즐기시던 약주 한 병 들고 찾아뵐 생각이다. 봄꽃 환한 선생님 댁 후원에서 향기로운 술 한 잔 따라 드리며 도란도란 옛날의 금잔디를 추억하고 싶다.

눈으로 향기로

◇◇◇

아파트 앞 화단을 지나며 습관처럼 토끼풀 무더기에 시선을 꽂는다. 첫눈에 반짝 잡히는 행운의 네잎클로버에 가슴이 설레며 나이가 무색할 만큼 잽싸게 쪼그려 앉았다. 나는 왜 지금도 클로버만 보면 행운의 4잎을 찾겠다고 허리를 굽히고 청승을 떠는가 생각하니 슬그머니 웃음이 삐져나온다.

단발머리 때는 책갈피에 끼웠다가 편지 속에 넣어 보내거나 카드를 만들어 선물하는 등 목적은 해맑고 순수했다. 지금은 속물 근성이 배어 얼른 로또가 사고 싶어진다. 나도 참 많이 변했다고 생각하니 갑자기 씁쓸해진다.

요즘은 촉각이 아깝다. 저 고급한 백합이 빠르게 수명을 다하고 져 버린다는 사실이 슬프다는 말이다.

10여 년 전 이 집, 전 주인이 심어 놓은 토종 백합 세 포기를 애지중지 길러 해마다 꽃을 즐기고 있다. 그러나 이상하게 번식이 되지 않고 늘 세 포기를 고수하고 있다.

요즘 흔히 보이는 개량종은 꽃송이가 작고 언뜻 조화처럼 보이기도 한다. 우아하고 기품 있는 토종보다는 확연히 격이 떨어지는 것이다. 토종 흰 백합은 왕비처럼 우아한 모습에 풍기는 향기도 은은하고 그윽해서 품격이 달랐다. 나는 마당 가득 채워진 저 꽃향기를 혼자 즐긴다는 게 안타깝고 애석할 따름이다. 예전에는 개화를 핑계 삼아 마당에 자주 술자리를 만들었는데 이젠 그것도 시들해졌다. 힘이 있어야 술도 마신다고 아마 늙어 가니 속에서 당기질 않는 것 같다.

암튼 지금 나는 백합꽃 향기에 취해 있고 글감이 있으니 누에처럼 명문장 한 줄 뽑아 내야 하지 않을까 하는 명제를 안고 있는 것이다.

술친구

◇◇◇

내가 술을 잘한다고 알려졌으나 소주 반병이 주량이다.

그냥 술잔을 앞에 놓고 홀짝거리며 소통이 잘되는, 소위 코드가 맞는 사람과의 대화를 즐기는 것이다. 술이란 묘한 마력을 지녔다. 사람을 솔직하고 대담하게 만들어 허심탄회하게 대화를 유도한다.

대부분 정상적인 사고를 가진 사람이라면 자신의 치부를 결코 드러내려 하지 않는다. 따라서 장점만 부각시키고 싶어 한다. 나는 진솔한 대화가 좋아서 술친구가 그리운 것이다. 어떤 손익계산을 하지 않고도 균형을 잡아 가는 관계가 술친구 사이에는 형성된다. 술값은 형편이 좋은 쪽에서(매번은 아니더라도 아까운 생각이 들지 않는다면) 부담해도 좋다는 나의 지론이다.

이런저런 가슴속을 터놓고 술 한잔 나눌 수 있는 친구가 좋다. 그런 분위기를 만들어 주는 조용하고 소박한 술자리가 좋다. 아울러 술은 인간이 만든 최고의 걸작이니까 인간이 컨트롤할 수 있어야 한다.

술 때문에 두 발로 걷는 개가 되거나 범죄자가 된다면 당신은 술 마실 자격을 이미 상실했다는 걸 명심하시길 바란다.

빗속을 걸어 내게 온 당신은
싸늘한 등을 보이며 마침내
빗길을 걸어 멀리 떠나갔습니다

이렇게 장대비가 내리는 날엔
어김없이 내 가슴에도
봇물이 터져 서럽게 비가 내립니다

오늘도 홀로 우산을 펼쳐 들고
발길 닿는 대로 정처 없이
비 내리는 우울한 거리를 걸어갑니다

어느 골목길 고요한 찻집에서나
혹은
붉게 취해도 흉 될 것 없는
왁자지껄한 목로주점 한 귀퉁이에서

한 마리 사슴처럼
순하디순한 눈빛을 한 당신이
길게 목을 늘이고
마냥 기다려 줄 것만 같습니다

「빗길」 임솔희 作

어미라는 이름으로

◇◇◇

어느 고깃집에서 먹어 본 명이 장아찌의 환상적인 맛에 홀딱 반했다. 그런데 그 몸값이 내게 너무 비싼 그대다. 두어 번 사 먹다가 중국산에 속지 말자고 직접 담가 먹기로 했다. 명이 4킬로를 주문해 놓고 밤새 인터넷을 뒤져 레시피를 찾았다. 사람마다 입맛도 제각각이라 정확한 정보가 없었다. 그냥 제 입맛대로 식초나 설탕, 간장 등을 가감하면 되는 것이다. 드디어 택배를 받아 박스를 개봉했는데 내가 감당하기에는 엄청난 양에 놀랐다.

간장에 이것저것 가미하고 맛을 보면서 달여 냈다. 씻어 물기를 뺀 명이를 차곡차곡 통에 담고 달여 식힌 간장을 부었다. 누름돌로 꼭 눌러 놓고 다음 날 열어 보니 맛있는 냄새가 물씬 코끝을 자극한다. 슬그머니 욕심이 발동했다. 다시 2킬로 더 담가 꾹꾹 눌러 놓았다. 숨이 죽으면 통에 옮겨 담아 김치냉장고로 들어갈 일만 남았다.

다시는 반찬을 만들고 택배 보내는 힘든 일은 하지 말자고 다짐을 했었다. 어미도 늙어 이제 그만하고 싶은데 뭐가 먹고 싶다고 하면 거절할 수가 없는 게 문제였다. 언제나 자식 앞에서는 논리적이지 못하고 한없이 나약해지고 마는 나는 실소를 금할 수 없다. 그 번거롭고 힘든 일을 반복해서 하고 있는 나는 어쩔 수 없는 어미다.

깊숙이 넣어 둔 함지박과 소쿠리를 꺼내고, 장을 보고, 음식을 만들어 택배 보따리를 싸고 또 싼다. 반찬 몇 가지에 하루해가 후딱 저물고 이제 한물간 몸은 여기저기서 비명을 지른다.

요즘은 반찬 가게에서 갖가지 맛난 찬을 만들어 팔고 있으니 그만해도 되는데 말이다. 아마 내가 움직일 수 있는 한 이 고질병 같은 짝사랑은 계속되리라.

분꽃

◇◇◇

  기억의 강을 거슬러 오르다 보면 나는 까무잡잡한 단발머리 소녀 시절로 돌아간다. 그 무렵 사람들은 6.25가 휩쓸고 간 폐허 위에 삽질을 하며 다시 허리띠를 졸라매고 잘살아보자는 캐치프레이즈를 내 걸었다. 보릿고개라는 말이 낯설지 않게 등장했으며 '새마을운동'은 마을마다 집집마다 활력을 불어넣었다.

  딸은 살림 밑천이라는 프레임을 씌워 국민학교만 졸업하면 십중팔구는 서울로 도시로 나가 공장에 취업을 하던 시절이었다. 도무지 딸은 낳아 놓기만 하고 당신이 낳은 아들 뒷바라지를 강요하는 무지한 부모님들을 나는 이해할 수 없었다.(다행히 나의 아버지는 그 당시 동아일보를 구독하셨다. 금성라디오에서 흘러나오는 뉴스를 들으며 세상을 바라보는 안목을 키우셨다. 덕분에 아버지께선 우리 남매들을 앞혀 놓고 아들 딸 안 가리고 공부 잘하는 자식에게 투자하겠다고 선포하셨다.) 그렇게 어린 딸이 눈물을 머금고 벌어 송금한 돈으로 오빠나 남동생들은 대학엘 가던 기막힌 세월을 직접 겪거나 보며 자란 세대가 우리 세대들이다.

  동네 한가운데 공동 우물이 있었다. 해가 설핏 기울면 아낙들은 질자배기에 보리쌀을 담아 이고 우물가로 모여들었다. 한참을 퍼질러 앉아 보리쌀을 문질러 헹구길 거듭한다. 그렇게 해야 보리밥이 부드러워 목 넘김이 수월하기 때문이다.

집집마다 굴뚝에 연기가 모락모락 하늘로 오르면 분꽃이 핀다. 뒤돌아보며 또 돌아보며 마을 모퉁이를 돌아 울면서 시집을 가던 선이 언니를 닮아 서러운 꽃이다.

다소곳이 선선한 기운을 받아 피어나는 분꽃을 보면 지금도 나는 그 시절로 줄달음쳐 가 고향 사람들을 그리워한다. 이제 그때의 어른들은 거의 다 돌아가셨는데 국가 시책의 일환으로 마을을 싹 밀어내고 세종시가 탄생했다.

내 뜻과는 상관없이 나는 실향민이 되어 있는 것이다. 내가 지금도 분꽃이나 봉숭아처럼 추억의 꽃을 가꾸며 즐기는 것도 순전히 그리운 고향이 불러오는 짙은 향수 때문이리라.

스물의 언덕

◇◇◇

 누군들 첫사랑이 소중하고 그립지 않으랴. 나는 강산이 몇 번이나 바뀔 만큼 세월이 흘렀음에도 아쉬움이나 후회 같은 게 앙금처럼 남아 있다.(물론 이 부분은 지금도 남편에게 미안하다.)

 단발머리의 풋풋한 시절에 K를 알았다. 여름 방학 때 고향으로 가는 기차의 옆자리에 앉았던 인연으로 그는 내 첫사랑이 되었다.

 K는 S공대 3학년 재학 중이었고, 좀 야윈 듯한 체격의 준수한 용모였다. 나는 그를 오빠라 불렀고, 그는 나를 '귀여운 희야'라고 편지의 첫머리에 적곤 했다. 내가 살던 동네와 그의 학교가 가까이 있어 틈틈이 만나면서도 잠들기 전 반드시 편지를 쓸 만큼 우린 서로에게 열중해 갔다. 땅거미 내리는 텅 빈 교정에서 배드민턴도 즐겼고 딱 한 번 가 본 청평호수도 그와 함께였다.

 그를 따라 처음 들어간 생맥줏집에서 커다란 잔을 보고 놀라 눈이 화등잔만 해지기도 했다. 학교 앞 다방 상록수는 문턱이 닳도록 드나들었다. 혹 그가 늦으면 성냥개비를 똑똑 부러트리는 재미도 일품이었다. 메모판을 기웃거리며 아무거나 쑥 뽑아 읽던 즐거움도 잊을 수 없다. 간혹 K가 남긴 메모를 발견했을 때의 그 희열은 얼마나 여린 가슴을 팔딱이게 하던지….

그 당시 내 또래의 레지 아가씨도 나처럼 중년이 되어 그때를 추억할까? 문을 밀고 들어서면 상냥한 미소로 '저쪽이에요.' 혹은 '아직 안 오셨어요.' 하던 해맑은 모습의 그녀도 그립다.

한입 베어 물면 금세 푸른 물이 묻어날 듯 청아한 시절이었다. 서서히 다가오는 이별도 모르는 채 내 청춘은 그렇게 찬란한 광채를 뿜어내고 있었다.

졸업을 앞둔 그가 말했다. 울산의 H 조선소에 취직이 되었다고, 첫 월급으로 반지를 사 주고 싶다고 했다. 나는 얼굴이 확 달아오르면서 몸 둘 바를 몰랐다. 아울러 거절하는 뜻을 분명히 했다. 정확한 그의 뜻을 모르면서도 본능이 나를 부끄럽게 했다. 반지를 받는다는 것은 뭔가 거역할 수 없는 운명의 사슬에 묶인다는 막연한 두려움의 무게를 감당할 수 없었는지 모른다. 그리고 그는 울산으로 떠났고 여전히 편지를 주고받았으나 서먹함은 지우지 못한 채였다. 우리의 애틋한 만남을 숭고한 사랑으로 승화시키기에 나는 너무 어렸고 그는 서툴렀다.(바보들의 행진이었지, 뭐.) 어느 날 그가 두 번째 이별을 알렸다.

"희야, 나 영장 나왔어."

예견한 듯 나는 담담했다. 아무 말도 할 수가 없었다. 앞에 놓인 커피가 싸늘하게 식어 가도록 우린 무거운 침묵으로 일관했다. 마침내 난 눈물을 떨구었고 K의 눈도 흥건히 젖어 있었다.

그렇게 짧고 빛나던 날들은 갔고 나는 오래도록 앓았다. 그가 나에게 어떤 존재였는지, 그가 왜 반지를 선물하고 싶었는지 세월이 한참 흐른 후에야 깨달았다.

그땐 언약도 없이 입대한 그가 참 야속했다. 나는 분명 고무신 바꾸어 신을 마음은 추호도 없었다. 그런데 그는 아무런 말도 없이 거짓말처럼 홀연히 떠났다.

나는 자존심도 상했다. 기다리지 말라는 뜻이라고 해석했다. 많은 날을 고민하다 후회 없는 결정을 하고 싶어 그를 만나러 갔다. 밤 기차를 타고 대구역에 내리니 날이 밝았다. 식당에 들러 간단히 허기를 달래고 경북대 후문에 위치한 부대로 향했다.

아직은 군복이 어설픈 그와 마주 앉았으나 '나 기다려도 돼?' 하는 물음은 목에서 걸렸고, 그도 끝내 그 말은 하지 않았다. 아, 한 번쯤 그런 날이 다시 온다면 능숙하게 잘해 낼 수 있을 텐데, 나의 첫사랑은 그렇게 막을 내렸다.

나는 미련을 그대로 남겨 둔 채 대학을 졸업한 다음 해 사촌 오빠의 소개로 만난 사람과 결혼을 했다. 첫딸을 낳고 그런대로 신혼의 단꿈을 즐길 즈음 여동생이 그의 편지를 한 묶음 가지고 왔다. 철딱서니 없는 나는 즐겁게 그 편지를 읽었다. 어린 동생이 엄마가 걱정하신다고 "언니 죽었다고 편지를 쓸까." 하는 말에 박장대소했다. 그 후로도 오랫동안 그는 답신도 못 하는 편지를 간간이 보내왔다.(바보…. 그때 그렇게 붙잡아 달라고 소리 없는 애원을 했는데.)

가끔 생각한다. 그때 만약 반지를 받았다면 나는 지금 어떻게, 어떤 모습으로 살고 있을까.

남편과 싸우고 절망할 때는 자책도 했다. 내가 벌받는 거라고. 그깟 3년쯤 기다리지 못하고 손익계산에 눈먼 영악함 때문에 벌받아도 싸다고 말이다. 아울러 행복하다고 느낄 때면 간사해졌다. K에게 갔으면 아마 이만큼 못 살지도 모른다며 위안을 삼기도 했다.

그래, 살집 좋은 함박눈이 펑펑 쏟아져 내리는 날이면 좋겠다. 어느 한적한 통나무집에서 따뜻한 커피 한 잔 음미하며 조용히 눈을 감고 내 푸르렀던 청춘의 동산을 올라 보리라. 그와 함께 올랐던 찬란한 무지갯빛 발산하던 스물의 언덕을 오르고 싶다.

뒷모습이 아름다운 삶

◇◇◇

조반을 끝내고 놀이터(텃밭)에서 호미로 흙을 고르고 있는데 아득한 곳에서 구슬픈 상엿소리가 들리는 듯했다. 난데없이 이제 환청이 다 들리나 보다 하면서 하던 짓(?)을 계속했다. 어라. 그 소리는 점점 가까이 들려왔다. 나는 얼른 문밖으로 달려갔다. 귀에 익은 소리다. 하지만 추억에 묻혀 흔히 볼 수 있는 광경은 아니라서 나는 재빨리 핸드폰을 카메라 모드로 작동해 놓고 순간을 포착해 담아 볼 심산을 하고 있었다. 이웃 아낙들이 삼삼오오 모여 있는 구경꾼들 틈새로 섞여 들어갔다. 호상이네요. 네. 마을 회관을 둘러보고 간대요.

아, 회관은 바로 우리 집 옆이다. 나는 도둑고양이처럼 몰래 한 컷을 찰칵 찍었다. 누군가 말했다.

"그냥 찍으세요. 저렇게 촬영도 하고 있는데…."

"그래도 될까요?"

나는 맘 놓고 몇 컷 더 담을 수 있었다.

호상이네요. 누군가 말했다. 그래, 죽음도 얼마든지 격이 다를 수 있는 것이다. 태어나서 수명을 다하고 할 일을 다 마친 후, 후회 없이 여한 없이 갈 수 있다면 그게 호상 아니겠는가?

모름지기 사람은 뒷모습이 아름다워야 하는 법이다. 우물에 침 뱉고 떠난 사람이 다시 와 그 우물을 마시는 걸 왕왕 보게 된다. 모든 걸 내려놓고 비우면 욕심과 미움이 사라진다는 진리를 알면서도 왜 그리 언행일치(言行一致)가 어려운 것일까.

어린 시절, 내가 살던 고향에서 초상이 나면 온 마을 사람들이 하던 일을 멈추고 그 집에서 장례가 끝날 때까지 살다시피 했던 기억이 난다. 누구네 누가 오늘내일 저승 갈 기미가 보이면 어른들은 얼른 급한 일을 마치려고 일손이 바빠졌다. 들판에 곡식을 수확할 시기가 되면 바짝바짝 애가 탔다. 제발 며칠만 참아 달라고 하늘을 보면서 빌었다. 비 오기 전에 거두어들일 수 있게 해 달라고 애원하는 모습도 보였다. 농사는 때가 있는 법이라 시기가 중요한 건 두말할 여지가 없는 것이다.

망신살 뻗다

◈◈◈

오늘은 운수가 아주 사나운 날이다.

운전면허 갱신 때문에 집을 나서는데 비가 오락가락한다. 설마 가을비가 오면 얼마나 오랴 싶어 그냥 길을 재촉했다.

씩씩하게 경찰서 민원실 문을 밀고 들어가니 체격 좋은 여경이 방문 목적을 묻는다. 사진을 두 달 이내 찍은 걸로 달라고 해서 옛날 옛적 사진을 내밀고 봄에 찍었다고 거짓말을 했다. 차마 두 달 된 사진이라고 말하긴 양심이란 게 손톱만큼은 꿈틀거렸기 때문이리라. 경찰은 내 얼굴을 힐끔 보고 컴퓨터를 보더니 말했다.

"여기 다 나와 있어요. 예전에 썼던 거네요."

어머나, 들켰구나. 순간 얼굴이 화끈 달아올랐다. 전전 갱신 때 면허증에 붙였던 사진을 몰라보고 이런 추태를 부렸구나. 얼른 여권 만들 때 찍은 사진을 내밀었더니 "이걸로 하세요." 한다. 일단 접수를 끝내고 나오니 굵은 빗줄기가 세차게 쏟아지고 있다. 어쩐다지? 잠시 생각하다가 가방을 뒤져 비닐봉지를 찾아 머리에 뒤집어썼다. 그리곤 100미터 달리기 선수처럼 냅다 달렸다.(아마 마음뿐이지 속도는 걷는 것과 별 차이가 없었을 듯.)

버스 정류장에 도착하니 내 또래의 여인이 불쌍해 보였

는지 고맙게도 뒷덜미에 묻은 빗방울을 털어 준다. 덕정역에 내리니 설상가상 바람까지 가세한다. 많은 사람들이 처마 밑에서 삼삼오오 비를 피하고 있다. 나는 다시 뛰기 시작했는데 "아뿔싸!" 비닐 모자가 제멋대로 휙 벗겨져 나비처럼 날개를 달았는지 팔랑팔랑 날아갔다.

"에라, 모르겠다."

체면은 이미 벗어던진 지 오래라 끝까지 따라가서 날아가는 모자를 붙잡았다. 아직은 내 체력이 바닥은 아니라며 의기양양해져서 비닐 모자를 다시 쓰고 유유히 바람 부는 빗길을 걸어 집으로 돌아왔다. 아마 나이를 먹는다는 건 얼굴이 두꺼워진다는 것인지도 모르겠다. 하하.

혹 그 장면을 목격한 분들 중에 아는 사람이 있었다면 잊어 주시라. 꼭 그리 해 주시라.

Me Too 운동

◇◇◇

2월 10일 오후 한국작가회의 정기총회가 있었다. 한국 문단을 이끌 새 이사장으로 '이경자' 소설가를 선출했다.

신○○ 작가의 표절 시비에 이어 터져 나온 최○○ 시인의 성추행 폭로가 문단의 이슈로 시끌시끌하다. 연일 여기저기서 '미투 운동'이 전개되고 있다. 권력을 미끼로 여성 동료를 함부로 모셨던(?) 수많은 남자분들 요즘 오금깨나 저리시겠다.

이래저래 뒤숭숭한 회의장 풍경이다. 성폭력 논란의 중심에 서 있는 고은 시인과 평창 올림픽으로 여념이 없을 도종환 장관의 불참도 당연하지만 썰렁하다.

회의 진행도 매끄럽지 않았다. 너도나도 발언권을 달라고 아우성이다.

참 잘났다. 당신들.

동묘역에서 전철을 갈아타려다 문우들 모임으로 방향을 틀까 하는 생각으로 잠시 망설였다. 지금 한창 2차가 흥이 올랐을 시간이다. 그러나 막차를 놓칠까 허둥대며 마음 졸일 생각에 이내 마음을 다잡는다. 집에 도착하니 10시 30분이다.

아, 늙어 가니 서울이 점점 더 멀어지는구나.

신의 은총이 충만한 밤에

◇◇◇

사랑하는 민혜야!

이젠 제법 매서운 바람이 코트 깃 속으로 파고드는 걸 보면 겨울도 완연하게 무르익어 가나 보다.

해마다 12월이면 어김없이 등장하는 자선냄비가 내 이웃들을 한번 돌아보게 하고 경쾌한 캐럴(carol)이 흐르는 거리엔 수많은 인파의 물결이 바쁘게 밀려왔다 밀려가곤 한다.

이제 머지않아 고3이 되는 너를 보면 대견함과 안쓰러움이 서로 교차해서 심란한 마음이 된다.

나의 딸 민혜야!

때로는 친구처럼, 때로는 장녀답게 엄마의 깊은 속도 헤아릴 줄 아는 네가 오늘따라 유난히 보석처럼 빛이 난다. 동생들과 사사건건 티격태격해서 걱정이더니 오늘은 동생들의 머리를 드라이기로 손질해 주며 다정하게 대화하는 모습이 어찌나 보기 좋은지 엄마는 하늘을 훨훨 날 것 같았단다. 네가 훗날 내 입장이 되었을 때 내 기분을 알 테지.

사랑하는 딸 민혜야.

나는 네가 꿈 많은 고교 시절을 마음껏 누리며(기호에 알맞게, 신분에 어긋나지 않게) 쭉쭉 뻗어 가길 진심으로 기원한다. 아름다운 추억도 만들고 좋은 책도 많이 읽어서 원만

한 인격의 소유자가 되었으면 좋겠구나. 개방적이고 자유롭게 키우고 싶은 내 욕심과는 달리 보수적이고 봉건적인 아빠는 딸들 교육에도 유감없이 그 진가를 발휘하시더구나. 왜 너도 기억하지? 2학년 학기 초의 어느 날, 하얗게 질린 얼굴로 들어오신 아빠는 얼마나 안절부절못하는지 내가 다 민망할 지경이었다. 네가 웬 남학생들과 나란히 걷는 걸 뒤쫓다 놓쳐 버렸다고 하더라. 엄마는 너를 믿기에 그럴 아이가 아니니 자초지종을 들어 보자고 조용히 아빠를 설득했단다.

근무 중이던 아빠는 일단 회사로 들어갔다. 그러나 그때부터 30분 간격으로 네가 들어왔는지 확인 전화를 하는데 나는 피가 마를 지경이었다. 날은 어두워지고 너한테는 아무런 연락이 없으니 왜 안 그렇겠니?

마침 네 친구 미영이가 전화를 했기에 급한 김에 우리는 음모(?)를 꾸밀 수밖에 없었단다. 그 애들과는 바로 헤어지고 미영이랑 함께 있었던 걸로 하자고 말이다. 초조와 불안으로 전전긍긍하고 있는데 너는 참으로 태연하게 들어서더구나. 정말 아무것도 아닌 걸 가지고 어른들이 법석을 떨었으니 네 친구들 보기도 심히 부끄러웠다.

남녀공학의 학교에서 방송부 후배들과 방송 자료 사러 갔었다는 말에 엄마는 우쭐해져서 아빠께 항의했었다. 자식이 설사 부끄러운 일을 했더라도 감싸 주고 싶은 게 부모들의 본능일 텐데 섣불리 매도하는가 싶어 나도 속이 상했었다.

민혜야.

아주 아련한 기억 속의 아픈 추억이지만 너한테 들려주고 싶은 이야기가 있단다. 무한한 가능성 때문에 꿈도 많던 시절이었지. 고등학교 2학년 가을, 친구들과 사직 공원에 갔는데 저쪽에서 우리와 비슷한 수의 남학생들이 사진 좀 함께 찍자는 전갈을 보내왔다. 우리는 분분한 의견을 모아 사진도 찍고 즐거운 시간을 보냈는데 그들은 당시 대한민국 고교생들을 기죽게 했던 K고 애들이었다.

좋은 일에는 반드시 마가 낀다고, 누군가가 연락처를 물어왔고 일행 중에 우리 학교를 알아본 학생이 "야야, 치워라. 수준이 맞아야지." 했단다. 그때 얼굴이 모닥불에 덴 것처럼 화끈거리던 모멸감을 나는 아직도 잊을 수가 없다.

내가 왜 이런 이야기를 하는지 알겠니? 흔히들 공부가 다는 아니다, 대학이 인생의 전부는 아니다, 라는 말을 곧잘 하는데 엄마의 의견은 다르다. 다는 아닐지라도 적어도 쉽게 아물지 않는 상처가 남기 마련이다. 못난 사람보다는 잘난 사람이, 못 배운 사람보다는 잘 배운 사람이 우위에 서는 건 지극히 당연하기 때문이다. 초등학교 때부터 그림, 음악, 문학 등 다방면으로 재능이 있고, 성적도 상위권이던 네가 지금은 성적표도 떳떳이 공개하지 못하니 어찌해야 좋을지 갈피를 잡을 수가 없다. 네게 공부하는 습관을 길러 주지 못한 내 잘못이 크구나.

사랑하는 민혜야.

온 누리가 신의 은총으로 충만한 크리스마스이브(Christmas Eve)다. 어쩌면 너의 운명을 결정지을 수도 있는 날을 불과 몇 달 남겨 놓은 밤이기도 하다. 넌 저력이 있으니까 지금부터라도 차근차근 계획을 세워 노력하면 얼마든지 해낼 수 있으리라 믿는다. 열심히 해도 어차피 승자와 패자로 갈릴 수밖에 없는 게 현실이다. 그래도 최선을 다해 한번 승부를 걸어 볼 만한 가치를 부여하는 것도 너희 청춘들의 특권이 아닐까 생각하는데, 글쎄….

다슬깃국을 끓이며

◇◇◇

 시장 바구니가 힘에 겨워 잠깐 어느 집 대문 앞에서 쉬고 있을 때였다. 후덕하게 뵈는 아주머니가 손수레에 커다란 함지박을 싣고 땀을 뻘뻘 흘리며 내 앞을 지나가고 있었다.
 "아주머니, 그게 뭔가요?"
 평소엔 낯가림을 심하게 하는지라 먼저 말을 해 놓곤 조금 무안해졌다.
 "다슬기인데 한번 보세요."
 아주머니가 보자기를 벗기니 꼬물거리는 다슬기들이 수북하게 들어 있었다. 나는 그 다슬기의 맛을 익히 알고 있어 선뜻 한 양재기를 샀다.
 요즘 이 지역에서 잡은 거라 어떨지 모르겠다고 남편은 위생적인 면을 우려했다. 하룻밤 담가 놓으면 이물은 모두 토해 내겠지, 뭐. 다슬기를 몇 번씩 헹구어 맑은 물에 담가 놓았다.
 토요일이지만 일찍 잠자리에 드는 게 습관이 된 나는 선잠이 들었는데 도란거리는 소리에 깨어 거실로 나갔다. 그곳에는 고등학교에 다니는 두 딸이 「주말의 명화」를 보면서 즐거운 담소를 나누고 있었다. 무어든 먹을 것 좀 내놓고 싶어 냉장고를 열었으나 마땅한 게 없었다.

"애, 우리 다슬기 삶아 먹을까?" 했더니 스스럼없이 "그래요." 한다.

냄비에 소금을 넣어 펄펄 끓는 물에 소쿠리에 건져 놓은 다슬기를 재빨리 털어 넣은 후, 휘휘 저어 주고 불을 껐다. 다슬기 특유의 구수한 냄새가 집 안 가득 차올랐다. 그걸 건져 이쑤시개와 함께 쟁반에 담아 영화에 열중하고 있는 애들 앞에 놓았다. 그러나 두 아이는 한번 힐끗 쳐다보고는 다시 티브이에 시선을 고정시킨다. 괜히 한밤중에 헛수고했다는 생각이 들었다. 큰아이가 내 기분을 알아채고 얼른 우리가 다 까 놓을 테니 내일 국 끓여 먹자고 한다. 그럼 그러자고 모녀의 맥 빠진 대화를 뒤로하고 다시 들어와 누웠다.

이튿날 부엌으로 나간 나는 차오르는 감동으로 가슴이 뿌듯했다. 다슬기를 전부 까서 덮어 놓고 껍질도 빈틈없이 마무리되어 있어 있었다. 이토록 작은 일에도 자식 키우는 보람을 느끼는 게 부모들의 마음이 아닐까 한다. 한결 가벼워진 컨디션으로 오늘 아침 국 맛은 최고가 될 것 같은 기분이 들었다. 배추 한 통을 데쳐 우거지를 만들고 냄비에 쌀뜨물을 받아 된장을 풀었다. 마늘, 파, 멸치 등을 넣고 팔팔 끓인 후 깐 다슬기를 넣고 한소끔 더 끓여 냈다.

조반이 늦은 탓도 있겠으나 어찌나 맛있는 냄새가 나는지 입안에 군침이 돈다. 간을 맞추기 위해 한 숟가락 떠서 입안으로 밀어 넣던 나는 울컥 목이 메었다. 새삼스럽게 지난날들이 눈앞을 스쳐 갔다.

　18년 전 결혼 당시 남편은 인천의 P회사에 근무하고 있었다. 방위 산업체로 우리나라에선 굴지에 속하는 꽤 괜찮은 회사였다.
　그런데 어느 날 남편은 직장을 버리고 자존심을 택했다. 상사와의 불화가 원인이었다. 처자식을 거느린 남자가 그 후에 닥칠 시련 같은 건 왜 고려하지 않았을까? 더구나 둘째 아이를 낳고 산후가 좋지 않아 무릎 관절염으로 거동조차 자유롭지 못했던 나는 참으로 막막했다.
　얼마간의 퇴직금과 방 전세금을 빼서 정처 없이 이삿짐을 꾸리던 일, 설상가상으로 큰아이가 옥상에서 떨어져 뇌수술을 받고 살아났으나 수술비 때문에 애쓰던 일, 반찬값이라도 보탠다고 밤 까는 부업을 시작했는데 잘못 깠다고 면박을 줘서 얼마나 부끄럽던지 쥐구멍을 찾고 싶었던 일 등등, 그렇게 숱한 마음고생을 겪은 우리 가족들은 안동군 '임하'라는 면 소제지의 작은 할아버지 사랑채에 지친 몸을 들여놓았다. 방세도 필요 없고 쌀만 있으면 목숨을 이어 가는데 무리가 없겠다는 판단이 섰기 때문이다. 한 2년쯤 우리는 살아남기 위해 필사적인 노력을 했다. 남편이 남의 농사일을 해 주고 받은 품삯으로 생활용품을 사서 썼다. "산 입에 거미줄 치랴"라는 속담처럼 작은 할아버지가 마을의 동장 일을 보고 계셨는데 마침 동회에서 양곡을 풀어 주는 제도가 있었다. 일단 필요한 만큼 가져다 먹고 그해 가을 추수해서 갚으면 되었다.

 외상이면 양잿물도 먹는다고 우린 쌀과 보리쌀, 밀가루 등을 절절히 들여놓으니 마음이 푸근했다. 그 와중에서도 약한 첩 쓰지 못하고 다리를 절며 두 딸을 키우던 나는 시댁 어른들의 간곡한 권유로 셋째를 임신하고 있었다. 있는 목숨도 감당하기 힘든데 오로지 양반댁 맏며느리의 소임을 다하기 위해 아들을 얻으려는 목적에서다.

 임하댐이 생겨 지금은 어떨지 몰라도 그땐 마을 앞으로 작은 강이 흐르고 있었다. 낙동강 지류라서 그리 깊진 않았으나 비가 많이 내리면 강물은 엄청난 속도로 불어났다. 먹구름이 캄캄하게 하늘을 가리면 마을 사람들은 주전자 같은 걸 들고 강으로 나갔다. 그런 날이면 깊이 숨었던 다슬기들이 꾸물꾸물 기어 나온다고 했다.

 몸도 성치 않은 내가 두 아이를 데리고 나가는 게 딱해 보였을까? 남편은 극구 말렸지만 무미건조한 생활에 회의적이던 나는 열심히 다슬기를 잡았다. 어쩌면 그 사소한 소일거리에서라도 사는 의미를 부여하고 싶었는지 모른다. 정말 억척스럽게 물속을 헤집고 다녔으니까. 그렇게 잡아 온 골뱅이는 삶아서도 먹고 국도 끓여 먹곤 했는데 다슬기를 내다 팔면 돈이 된다는 걸 알았다. 그때부터 잡는 대로 모아 두었다가 장날 내다 팔면 얼마간의 돈이 손에 쥐어졌다. 그렇게 몇 번 반복하니 제법 목돈(?)이 되었다.

나는 그 돈으로 병아리 열 마리와 강아지 한 마리를 샀다. 남편은 닭장을 만들고 강아지 집을 짓는다고 법석을 떨었다. 강아지에게 '강식'이라는 이름도 붙여 주었다. 조금씩 내 소유권이라는 개념이 생기면서 사는 재미도 붙었다.

새 식구가 된 병아리들도 무럭무럭 자라서 알을 품기 시작했다. 그중 한 마리가 쥐에게 물어 뜯겨 분신처럼 가슴 아파했던 일도 기억이 난다.

명절 때 시댁에 가서 며칠씩 머물다 오면 닭들은 알을 수북하게 낳아 놓고 우릴 기다려 주었다. 다섯 살짜리 큰아이가 잽싸게 뛰어가 바구니에 알을 탁탁 거칠게 담는 바람에 깨져 버려 얼마나 속이 상하던지 두고두고 마음에 담았었다.

지금은 한 폭의 수채화처럼 남아 잔잔한 아름다움으로 눈앞에 펼쳐지는 명장면들이다. 그렇게 영화 같은 삶을 살다가 남편이 직장을 얻어 먼저 상경했다. 우린 남편이 자릴 잡을 때까지 남기로 했다. 남편이 훌쩍 떠났어도 송아지만 한 강식이가 문 앞에 듬직하게 버티고 있어서 우린 조금도 무섭지 않았다.

드디어 어설픈 대로 자릴 잡은 남편이 우릴 불렀고, 모든 정을 쏟았던 닭과 강식이는 시댁에 맡겨졌다. 후일 강식이가 쥐약을 주워 먹고 죽었다는 소식을 접하곤 눈물이 핑그르르 돌았다. 비록 짐승들이지만 내가 힘들었을 때 위안이 되어 주었던 그들을 나는 잊지 못한다.

그때 얻은 막내딸이 벌써 6학년이 되었고, 우린 가끔 그곳에서의 쓰라렸던 날들을 돌아보며 산다. 동구 밖까지 배웅해 주시며 얼마간의 지폐를 주머니에 넣어 주시던 당숙모님의 은혜도 잊지 않으리.

옛말하며 살자 하시던 그 다정하신 음성이 지금도 들리는 듯하다.

제2부

천방지축 육아 일기
흑백 사진
한 남자의 곁으로
함께 가는 길
건망증
아버지는 6.25
납북 의용군이였나
경수 아재
개나리 핀 꽃길을 걸으며
나룻배와 선장
사랑이 유죄다

기관지 확장증
두릅
옻순 도둑
그리운 배 여사
호박 서리
약속
소찬을 준비하며
재물보다 귀한 것
잘코사니
등단 장사
숙희

천방지축 육아 일기

◇◇◇

수박 2포기와 참외 2포기 모종을 사다 심어 놓았다.

날마다 때때로 들여다보며 목마르다 싶으면 물을 주고, 배고프다 싶으면 밥을 먹이며 애지중지했다.

흙은 배신하지 않는다고 했던가?

드디어 꽃이 피고 시커먼 사내놈들이 수작을 부려도 시집갈 때가 되었거니, 내가 좋은 신랑감 찾아 짝 맞춰 줄 주제도 못 되기에 모른 척했다.

그리고 얼마 후 수박이 애를 셋이나 낳고 참외도 질세라 매끄러운 두 아이를 순산했다.

나는 그것들이 무럭무럭 자라는 모습에 재미가 붙어 신바람이 났다.

그런데 오늘 아침에 들여다보니 참외가 나 몰래 애를 또 하나 낳아서 기르고 있었다.

옛날 친정아버지는 당신 딸이 그랬다면 당장 작대기로 때려 묵사발을 만들어 놨을지도 모르는 엄청난 일이 요즘 내 집에서 벌어지고 있었다.

그러나 세월은 모든 걸 변화시키고 있다. 집집마다 늙은 자식들 때문에 골머리 앓는 부모들이 수두룩하다. 결혼할 생각을 않거나 혹 결혼을 했다고 해도 아이를 낳지 않으려는 경향이 두드러지고 있다.

이런 시대에 나는 참외가 그냥 늙어 가지 않고 제멋대로 아이를 낳아 키워도 반갑고 펄쩍 뛸 만큼 기쁘기만 하다.

온통 지구가 불가마로 변신한 듯 지글지글 끓는다. 문밖을 나서기가 무섭다.

날마다 들여다본 텃밭의 참외가 이젠 수확을 해야 할 시기가 된 것 같았다. 행여 깨질세라 혹여 다칠세라 조심조심 총 여덟 개의 참외를 땄다.

깨끗하게 씻어 냉장고에 넣고 하나를 깎아 시식했다. 달콤하고 신선한 과즙이 입안 가득 퍼졌다.

난생처음 내가 가꾸어 맛보는 참외는 분명 달랐다.

고등학교 여름 방학 때 각지로 흩어졌던 마을 친구들이 고향집으로 돌아왔다.

전화가 없던 시절인데도 친구들은 저녁 식사를 마친 후 하나둘 원두막으로 모여들었다. 그동안의 안부를 주고받으며 초롱초롱 두 눈은 영롱한 빛을 발한다.

참외나 포도 수박 등을 나누며 밤새는 줄 모르고 도란도란 수많은 담소를 나누던 시절의 친구들이 그립다. 밤하늘을 올려다보면 반짝이는 별들이 화려한 수를 놓았던 그때 그 시절은 어디로 흘러갔을까.

동네 공동 우물에 참외나 수박을 둥둥 띄워 놓아도 전혀 손을 타지 않았고 대문을 열어 놓고 살아도 숟가락 하나 도둑맞는 일이 없었다.

그 시절 고향 사람들의 순박한 모습을 어디서 다시 볼 수 있을까?

밤이 이슥해지면 마을 아낙들이 삼삼오오 냇가로 목욕을 하러 갔다. 남편들은 냇가 너머 둑에서 서성이며 망을 봐 주고 여자들은 하루의 쌓인 피로를 상큼하게 씻어 냈다.

나는 냉장고에서 차갑게 식힌 참외를 꺼내 한 접시 깎았다. 그리고는 빵빵하게 에어컨을 틀어 놓고 컴퓨터를 열었다. 오늘은 술술 글 줄기가 깊은 계곡물처럼 막힘없이 시원하게 뻗어 나갈 수 있을 듯 예감이 좋다.

호박 넝쿨이 축 늘어져 타들어 가고 붉은빛을 발산하던 봉숭아도 목이 타는지 시름시름 앓았다. 살인적인 더위와 극심한 가뭄으로 모든 생물이 성장을 멈추거나 말라 죽거나 했다.

나 역시 남달리 더위를 타니 하루하루가 힘들었다. 그랬는데 어제부터 내린 비가 먼지로 풀풀 날리던 텃밭을 흠씬 적셔 놓았다. 더위도 한풀 꺾이고 살맛이 난다.

"하느님 감사합니다. 저렇게 목숨 꼴딱거리던 봉숭아도 생기를 되찾고 호박 넝쿨도 처진 어깨를 쭉 펴고 새끼도 잘 키우겠지요."

뒤늦게 씨 뿌린 배추가 알을 품는다고 웅크려 앉는다.

깜찍한 것. 거름도 살충제도 없이 벌레 잡고 물 주고 낙엽 썩힌 것 조금씩 묻어 줬더니 예쁘게 자라고 있다.

10년 전 일이 생각난다. 난생처음 손바닥만 한 땅에 흙을 고르고 장날 난전에서 배추씨를 사다 뿌렸다. 인터넷을 뒤지며 유식한 전문 용어로 흩뿌림이라는 걸 했는데 말이다.

근데 시간만 잡아먹었지 통 진척이 없었다. 수확할 때가 되어도 영락없이 봄동의 모습으로 딱 버티고 있어 애가 탔다.

자기가 봄동인 줄 아는가 봐.

나는 이웃 여자에게 아무래도 배추씨라고 속이고 봄동씨를 팔았나 보다고, 씨앗 장수를 향해 투덜거렸다. 그 여자는 깔깔거리며 거름을 안 하고 맨땅에 씨만 뿌렸으니 그것도 감지덕지라나 뭐라나.

어느 날 대문 밖에 어린 맨드라미가 쪼그려 앉아 있었다. 잠시 쉬어 가려니 했는데 그냥 뿌리를 내리고 자리를 잡는다. 자라면서 이마에는 제법 벼슬도 달리는 것을 보니 아마 조상 대대로 감투를 쓴 벼슬아치 집안의 핏줄인 듯했다.

늦장마로 꾸준히 내리는 빗줄기를 온몸으로 맞고 있는 걸 보니 마음이 편치 않다. 아무래도 집 안으로 들여야 할 것 같았다. 옹색한 마당 한쪽 봉숭아 옆에 방을 마련하고 내 식구로 전입 신고를 해야겠다.

흑백 사진

◇◇◇

　매주 수요일마다 놓치지 않고 보는 TV 프로가 있다.「영상기록 병원 24시」다. 온갖 희귀병을 앓는 아이부터 노인에 이르기까지 웬 딱한 사연이 그리 많은지….
　함께 가슴을 졸이며 몰입하다 보면 모든 욕심은 슬그머니 사라지고 만다. 오히려 멀쩡한 몸으로 늘 불평불만을 가졌던 게 부끄럽고 숙연해진다.

　내게도 그리 어렵고 힘든 시절이 있었다. 딸 둘을 연년생으로 낳아 키우던 나는 작은 아이가 6개월쯤 되었을 무렵 급성 관절염으로 다리를 쓸 수가 없었다. 무릎이 퉁퉁 부어올라 내 몸 하나 건사하기도 힘들었다. 날마다 쌓이는 기저귀와 청소, 빨래, 식사 준비 등등 남편이 틈틈이 도왔으나 도저히 두 아이를 감당할 수가 없었다.
　주위에서 좋다고 하는 약은 수없이 많았어도 막상 병원에서는 자신 없어 했다. 임시방편으로 무릎에 고인 물을 주사기로 빼내고 통증을 완화시키기 위하여 진통제를 썼다. 이렇게 하루하루를 힘겹게 버티고 있을 때 설상가상으로 남편이 실직하게 되었다. 참으로 철없고 어이없는 남자였다. 그런 힘든 상황에서 어떻게 냉큼 사표를 쓸 수 있었는지 신기

할 지경이었다. 그건 자존심이 아니라 객기였다.

전지전능한 신도 때로는 잔인해서 약한 모습을 보일 때 그 틈을 절대 간과하지 않는다. 우리가 우왕좌왕하고 있을 때 다시 일격을 가해 왔다. 큰아이가 옥상에서 떨어져 뇌를 다치는 끔찍한 사고가 발생했던 것이다. 속수무책으로 도무지 길이 보이지 않았다.

그래도 생과 사를 오락가락하던 아이가 뇌수술을 받고 깨어났을 때 신에게 감사했다. 종교가 없었지만 힘들면 궁극적으로 신에게 매달리게 된다. 인간의 영역을 지배하는 건 오로지 신뿐이라고 믿는 건 나약한 인간의 본능인지도 모르겠다.

우리는 얼마간의 퇴직금과 전세금을 정리해서 병원비를 계산하고 이삿짐을 꾸렸다. 이제 우리는 이 살벌한 도시에서 무릎을 꿇은 비참한 패잔병일 뿐이었다.

우리가 짐을 푼 곳은 경북 안동 남편의 고향이었다. 작은 할아버님 댁 사랑채에서 심신이 지칠 대로 지친 우리 네 식구의 휴식 아닌 은둔이 시작된 것이다. 비록 빈 몸뚱이로 찾아든 곳이었지만 지금 돌아다보면 그래도 마음만은 가장 여유롭게 내일을 설계했던 아름다운 시절이었다고 회상한다. 다리를 절며 진통제 몇 알로 하루를 견디는 생활이었으나 마음이 편했다.

마을 앞으로 낙동강의 지류인 작은 강물이 흐르고 뒤로는 병풍처럼 둘러쳐진 산자락이 한 폭의 그림 같은 마을이었다. 마당 한가운데 장독대와 펌프가 있었다. 옆에 놓인 고무 함지박에는 항상 맑은 물이 가득 담겨 있었는데 아이들이 자리를 깔고 물놀이며 소꿉놀이를 차려 놓고 도란도란 정다웠다.

그렇게 평화가 잔잔한 강물처럼 흘러가던 날 가슴이 덜컥 내려앉는 사고가 생겼다. 안채 할머니께서 열어 둔 된장 항아리에 물이 철철 넘치고 있었다. 나는 떨리는 가슴으로 얼른 물을 퍼내고 항아리를 기울여 남은 물을 흘려보냈다. 다행하게도 된장 위에 딱딱한 껍질이 형성되어 있어서 표가 나지 않게 꾸덕꾸덕 감쪽같이 원상태로 돌아갔다.

그 순간 온몸이 오그라드는 느낌이라니…. 십 년은 감수한 것 같다. 끝내 이실직고는 하지 못한 채 그 사건은 일단락되었다.

청구 어머니 생각도 잊을 수 없다. 살결이 거무튀튀하고 남자처럼 우락부락한 청구 어머니는 수박 농사를 짓고 계셨다. 원두막으로 수박을 사러 가면 신중하게 이것저것 두들겨 보고 따 주는데 집에 와 갈라 보면 익지 않았다. 세 번 정도 바꾸러 가는 짓을 반복하다 보면 서로 짜증이 났다. 그래도 나는 손님인데 청구 어머니가 벌컥 화를 내면서 안 판다고 했다. 나는 이 무안함을 어쩌란 말인가?

할아버님의 동생이신 안채 할아버님의 큰아들은 남편 또래이고 막내아들은 고등학생의 신분이었다. 그는 우리 아이가 할아버지라고 부르면 질색을 했다. 그 표정이 어찌나 재미나는지 일부러 애들에게 큰 소리로 할아버지를 부르게 했다.

　어느 날인가 알지도 못하는 친척 할머니의 부음이 도착했다. 안채 할머니는 얼른 빈 상위에 냉수 한 사발 올려 마루에 놓고 우리 내외를 부르시더니 느닷없이 곡(哭)소리를 내셨다. 우리에게도 얼른 곡(哭)을 하라고 이르시는데 아직 20대 후반의 젊은 사람이 그게 어디 쉬운 일인가? 더구나 줄줄이 어린 당숙들이 지켜보고 있는데 말이다. 작은할머님은 모르면 시키는 대로 할 것이지 어른 말도 안 듣는다고 혼을 내셨다. 그런 형식적인 곡(哭)은 지금도 못 한다. 글쎄, 아무도 보는 사람이 없다면 할 수 있으려나 몰라.

　나는 가끔 가슴 깊이 쌓아 놓은 빛바래고 낡은 흑백 사진을 꺼내 보는 일이 즐겁다. 희미하면서도 또렷이 각인되어 있는 내 소중한 삶의 편린은 사는 게 힘들거나 짜증이 날 때 윤택한 활력소가 되어 주고 있다.

한 남자의 곁으로

◇◇◇

어느덧 네가 내게로 와 모녀지간이라는 천륜으로 스물일곱 해를 살았구나. 이제 네가 배우자를 만나 우리 곁을 떠나간다니 만감이 교차해서 심란한 마음에 밤잠을 이룰 수가 없다. 아스라이 기억의 강 저편을 더듬어 보니 네가 이 세상에 태어나던 날이 눈앞에 선하다.

아빠와 엄마는 동대문 답십리에서 신혼살림을 차렸다. 너를 낳고 가진 게 없었어도 젊어서 자신만만하던 시절이었다. 그랬는데 우린 시댁 일로 참 많은 시련을 겪게 되었다. 차라리 고아에게 시집을 갈 걸 그랬다고 자조 섞인 넋두리를 했을 만큼 따로 살았어도 보이지 않는 사슬이 늘 온몸을 옥죄어 오곤 했다. 월급 받아 적금 붓고 월세 내느라 빠듯한 생활을 본가에선 알 턱이 없었을 게다.

너희들 앞에서 자꾸 안 좋은 부모의 모습을 보였으니 부끄럽구나. 네가 좀 더 좋은 환경에서 자랐다면 지금의 너는 어떤 모습일까 한번 상상해 본다. 고백하건대 나는 인자한 엄마보다는 현명한 엄마가 되고 싶었다. 다른 건 몰라도 무얼 하고 싶은데 부모의 무능함 때문에 너희들 앞길에 장애가 되는 일은 없도록 하겠다는 게 나의 목표였는지도 모르겠다. 내가 자라 온 환경을 거울삼아 너희들 교육에 반영하고자 했다. 그러나 현실은 비웃기라도 하듯 냉혹하게 위협을 가해 왔다.

건강과 경제력에 취약했던 우리는 늘 먹고사는 문제에 덜미를 잡히곤 했다. 그동안 내가 살아온 세월은 네가 지켜봤으니 짐작은 할 수 있겠다. 네가 지금의 내 나이가 된다면, 그때까지 내가 살 수 있다면 허심탄회하게 내 인생의 발자취를 한번 논해 보고 싶구나. 거듭 말하지만 돈 때문에 하고 싶은 공부를 포기하는 일은 없도록 해 주자는 게 내 지상의 과제였는데 너희들은 별로 공부에 관심을 보이지 않더구나.

헐벗고 굶주리는 수치심보다는 무식해서 겪는 모멸감이 얼마나 큰 치욕인지를 나는 아는데 말이다. 조금 늦은 감은 있으나 네가 공부하겠다고 나선 건 얼마나 다행인지 모른다.

인생을 살아가면서 큰 난관에 봉착하는 일은 비일비재하다. 그 난관을 통과하려면 지식을 비축해 둬야 한다는 것도 차츰 알아 갈 것이다.

가족 간에 대화가 되고 추구하는 가치관이 같다면 그 집안은 항상 따뜻한 온기로 충만하리라. 지수도 그걸 아는 거 같아 다행이다. 사람으로 태어나서 먹고 입는 것에만 치중한다면, 무식해도 전혀 불편함이 없다면 짐승과 다름없다고 생각한다.

나는 늘 배움에 목말랐다. 그런데 가난 외에 설상가상 몸마저 병약한 탓으로 시든 풀꽃 같아서 학교도 건성건성 다니다 말다 반복했다. 하여 마음 둘 곳 없던 나는 독서에 심취했다. 닥치는 대로 책을 읽었고, 덕분에 나는 무지(無知)가 얼마나 무서운 형벌인가를 감지하고 살아야 했다. 이런 상황에서 독서와 글쓰기와 술을 가까이했고 그런 생활은 방황하는 내 영혼의 작은 도피처가 되어 주었다.

문협 회원들과 회식을 하고 문학 토론을 벌이며 주고받는 술잔이 유일한 낙이었다고 고백한다. 나를 억누르고 사는 게 미칠 것 같았다. 가슴이 터져 버릴 것 같은 무언가가 내 안 깊은 곳에서 활활 타오르고 있는데 출구는 보이지 않았다. 나를 위한 최소한의 투자(?)인 이거라도 하지 않으면 아마 견딜 수 없었을 게다.

나는 늘 가족들과 겉돌았던 것 같다. 네 눈높이에서 나는 여자도 아닌, 엄마와 아내와 며느리일 뿐이었다. 나도 여자이고 사람이란 걸 가족들은 간과한 것이다.

문득문득 죽음을 생각했다. 살고 죽는다는 건 별로 중요하지 않았다. 다만 어떻게 살다 가느냐가 명제로 남는다. 이런 의미에서 아빠와 나는 참으로 잘못 맺어진 악연이었다고 감히 말할 수 있겠다. 그냥 적당히 안일한 삶에 만족하고 싶은 남자와 늘 무언가를 추구하며 도전하려는 여자가 만났으니 말이다. 그걸 알면서도 딱히 헤어질 용기도 없었다. 다만, 스스로 선택했고 약속이었고, 책임을 져야 하니까 참고 살아야 했다고 하면 이유가 될까? 너무 장황하게 늘어놓았구나. 이제 너는 한 남자의 아내가 되어 새로운 둥지를 틀고 스스로의 행동에 책임을 질 줄 알아야 하는 어른이 되는 거란다. 부디 너는 엄마처럼 살지 말거라. 최 서방과 함께 행복한 여자의 삶을 맘껏 누리며 살길 바란다. 무던히 참고 노력하면서 서로 이해와 양보를 아끼지 않는다면 충분히 이룰 수 있는 꿈일 것 같다.

한때는 나의 희망이었고 기쁨이었던 너를 이제 내게서 떠나보낸다.

함께 가는 길

◇◇◇

어느덧 한 해도 마지막을 장식하는 날의 오후에 수유리 작은 호프집에서 수필가 K와 Y를 만났다. 그리 멀지 않은 거리에 살면서도 각각 바쁜 탓에 그것은 꽤 오랜만의 해후였다.

가볍게 점심을 끝내고 생맥주잔이 각각 앞에 놓이자 우리들의 수다도 무르익어 간다.

문단 소식을 필두로 애들 이야기며 주변에 바람난 주인공들의 비화까지 거침없이 수다는 이어져 갔다. 중년 여자들의 수다 중엔 어김없이 등장하는 단골 메뉴가 있다. 바로 몸의 변화. 늘씬하다거나 예쁘다는 표현은 진부하고 식상하다. 훨씬 젊어 보인다거나 앳되다는 표현이 중년 여자의 마음을 사로잡는 데는 단연코 압권이다.

자세히 보니 K는 확실히 젊다. 피부도 깨끗하고 팽팽하다. 그녀의 장점은 머리 손질이나 옷맵시가 더없이 어울리도록 연출에 능하다는 것이다. 절대로 과하거나 모자람이 없다.

그녀가 젊게 사는 더 큰 비결은 아마도 나이를 잊고 적극적으로 살아가는 삶의 자세가 바탕에 깔려 있기 때문이리라.

우리 셋은 공교롭게도 핸드폰도 없이 호출기만 지니고 있었다. K가 말했다.

"어떤 세미나에서 한창 사회를 맡아 진행 중인데 누군가의 호출기가 자꾸 울어 대는 거야. 어찌나 난처하던지 그 친구랑 지금도 말을 안 해."

"왜? 끄든가 진동으로 해 놓으라고 하지 그랬어?"

"물론 멘트는 했지. 그러나 그 친구가 조작하는 방법을 몰라 절절매더라고."

우리는 소리 내어 깔깔대면서도 공감이 갔다. 내가 말했다.

"우리 아이의 호출 번호를 눌렀는데 음악 소리가 끝이 없어 짜증이 나더라."

여기서 Y가 말을 자른다.

"K 것도 길더라 뭐."

K와 내가 자지러지게 웃어 대니 Y가 어리둥절한다. 나는 설명을 계속한다.

"내 말을 듣고 우리 애들 숨넘어가는 거야. 엄마, 그냥 무시하고 눌러요. 하더라고."

우린 모두 호출기 기능을 제대로 활용할 줄 몰랐다. 그저 번호 찍히면 전화하고 건전지나 갈아 끼우는 것이다. 어쩌다 잘못 건드려서 진동으로 넘어갈 땐 신기할 뿐이다. 한동안 끌 줄을 몰라서 건전지를 끄집어냈다는 K의 말에 공감하면서 기분은 대단히 유쾌했다.

외로움이나 슬픔이 짙게 배어 있을 때 소통할 친구들이 있다는 건 얼마나 행복한 일인가.

건망증

◇◇◇

건망증 때문에 혼비백산한 일이 있었다. 작년 여름 문학 모임 때문에 1호선 전철을 탔다. 시청 앞에서 내리는 순간 덜컥 가슴이 내려앉는다. 눈앞에서 불길이 활활 타오른다. 맙소사. 먹고 남은 닭죽이 쉴까 봐 한번 끓여 놓고 나온다고 가스 불에 죽 냄비를 올린 채 그냥 나와 버린 것이다. 되돌아 뛰다가 의정부까지는 무리라는 생각이 퍼뜩 들었다. 공중전화 박스로 내달렸다.(그땐 거의 핸드폰이 없을 때다.) 몇 집을 더듬은 끝에 인호 엄마와 통화가 이루어졌다. 사정을 말하고 경비실에 키가 있으니 얼른 좀 가 달라고 애원했다. 기다리는 동안 피가 마른다는 말을 실감했다.

지금까지의 모든 게 한순간 잿더미로 화한다고 생각하니 허탈했다. 아니, 모든 걸 체념했다고 할까. 그때 호출기가 힘차게 울었다. 천만다행이란 말은 이때를 대비해서 생겼을까. 삼중 냄비 덕분인지 냄비는 숯이 되었으나 집은 무사하다고 전하는 인호 엄마가 하느님보다 위대해 보였다.

약국으로 뛰어가 진정제를 사 주던 K 시인의 말을 빌리면 내 얼굴색이 백지장처럼 질려 있어 겁이 나더란다. 건망증도 이쯤이면 중증이다 싶다가도 친구들을 만나 얘길 들으면 안심이 된다. 모두가 함께 겪는 일이라니 이 또한 즐겁지 아니한가?

친정 숙모님은 사십 초반에 사별하시고 홀로 육 남매를 키워 내셨다. 빈곤한 탓에 고생은 극심했으나 모두가 각 분야에서 당당히 제 몫을 다하고 있다.

숙모님 생신과 신정이 맞물려 연례행사처럼 해마다 함께한다는 자리에 참석하게 되었다. 겨울답지 않게 추적추적 비가 내렸으나 개의치 않고 아침부터 서둘렀다.

이만큼 살았어도 친정 나들이는 언제나 휘파람처럼 발걸음이 경쾌하다. 현관을 들어서자 웅성웅성 잔칫집답다. 육 남매의 각자 짝꿍들과 딸린 아이들에 친정 고모님들과 내 어머니까지 줄잡아 40여 명은 되는 듯했다. 마침 점심상을 차리는 중이라서 사촌 올케들과 안부를 주고받는데 P가 부른다. 제 옆에 자리를 내주면서 앉으라고 한다. P는 나보다 두 살 아래 사촌 남동생이다. 공군 중령으로 제대해서 D항공 파일럿으로 근무하고 있다.

그래, 여긴 친정이니까 대접받아도 되지. 그런 생각을 하면서 자리에 앉았다. 식사하면서 이런저런 얘기 끝에 자연스레 대화는 생로병사 쪽으로 흘러갔다.

"앓지 말고 살다 가고 싶어."

"오빠는 머리가 하나도 안 셌네."

"아니야. 염색해서 그래."

"넌 주름이 없구나. 안 늙었어."

옆에 있던 P가 말했다.

"개인차 때문에 속도는 달라도 누구나 다 거쳐 가는 길이라고 생각하면 억울할 게 없지. 나만 늙는 거 아니고 나만 죽는 거 아니라고 인정하면 추호도 두려울 건 없어."

그랬었구나. 다 함께 가는 길이라고 생각하면 좀 더 의연하고 아름답게 황혼을 즐길 수 있을 거야. 나는 P가 따라 주는 와인이 오늘따라 혀끝에 부드럽게 감기는 의미를 어렴풋이 깨닫고 있었다.

아버지는 6.25 납북 의용군이었다

◇◇◇

요즘 남북 이산가족 상봉을 우리나라가 아닌 제3 장소에서 추진한다는 보도가 있다.

북한 제재 문제가 있으니 약간의 편법을 써서라도 성사가 된다면 나쁜 일은 아닐 거라 믿는다. 신청자가 오늘내일하는 고령자로서 생전에 피붙이 한번 보고 눈을 감고 싶다는데 이념 따위가 대순가 하는 생각도 든다.

6.25 전쟁이 발발하고 나의 아버지는 20대 후반에 어머니와 두 오빠를 남겨 둔 채 반강제로 납북 의용군 대열에 합류하게 되었다고 한다. 자의 반 타의 반으로 마을에서 5명이 차출되어 낮에는 산에서 숨어 지내고 밤길을 걸어 북으로 향했던 것이다. 그런데 아버지에게 심경의 변화가 왔다. 함께 간 동료들에게 은밀하게 우리 죽더라도 고향 가서 죽자는 뜻을 전했지만 다들 고개를 저었다고 한다.

아버지는 시시각각 인민군이 방심한 틈을 노리다가 남한으로 발길을 돌리는 데 성공하셨다고 한다. 돌아오는 길도 몇 번인가 사지를 넘나들었다. 포로수용소에서 고생하다 풀려나고 또 잡히고를 반복했다고 했다.

이념과 사상이 다른 포로들을 함께 몰아넣은 수용소에서 밤이면 피비린내가 진동했다고 했다. 이념 전쟁으로 암투가 벌어져 목을 조르거나 쇠꼬챙이로 찔러 죽여 철조망 너머로 시신을 던져 버렸다고 한다. 그렇게 쥐도 새도 모르게 죽어 가는 시체가 즐비했다고 했다.

전쟁의 참혹한 실상을 겪으면서 아버진 이쪽과 저쪽 어느 편에도 끼지 않고 살아남을 수 있었다고 했다. 어차피 가족이 있는 고향으로 돌아가겠다고 결심한 이상 아버지는 그 일념 하나로 구사일생 돌아올 수 있었다.

그 후 연좌제가 존재하게 되면서 부모 형제는 물론 친척 외가 쪽까지 신원 조회가 철저했다. 연좌제에 연루되면 자식들이 공무원이 되는 길은 꿈도 꿀 수 없었다. 육사에 입학해 최고의 요직까지 두루 거친 전 한○○ 전 국방장관의 외삼촌이 그때의 일행 중 1명이다. 하지만 할아버지께서 의병장으로 활약한 덕분에 연좌제의 관문을 돌파한 게 아닌가 짐작한다.

청주 상당공원에 한봉수 의병장 동상이 있다. 장관 시절 사드 문제가 대두되면서 당시 야당에 의해 친일을 했다는 논란에 휩싸였으나 친일로 보아서는 안 된다는 검증을 받은 바 있다.

아버지는 당신의 행적을 자식들에게 한 번도 말씀하시지 않았다. 어린 시절 어머니께서 아버지께 들은 말씀을 전해

들었고 나도 기억을 더듬어 이 글을 쓰니 정확한지는 장담할 수 없다.

역사물을 쓸 때는 각종 자료를 찾아 객관적으로 접근해야 하는데 말이다.

경수 아재

◇◇◇

나의 고향은 옹기종기 30여 호가 모여 사는 충남 농촌의 작은 마을이었다. 아버지 돌림자의 경수 아재가 총각 때는 제법 신문물을 마을에 들여와 봉사를 했다. 진기한 카메라를 들고 가가호호 다니며 가족사진을 찍어 주기도 했다.

마을에 최초로 유성기를 들여와 스피커를 통해 장소팔 고춘자가 콤비로 활약하는 만담이나 「처녀 농군」, 「흙에 살리라」, 「고향무정」 등 다양한 노래를 들려주었다. 그러면 사람들은 가정에서 혹은 들에서 그 재미난 만담과 가요를 들을 수 있으니 고된 노동을 견디기가 훨씬 수월했으리라.

그런데 옥에 티라고 술버릇이 고약했다. 조실부모하고 자란 탓인지 술만 들어가면 집안을 난장판으로 만들었다.

그런 경수 아재가 장가를 들었다. 시골에서 땀 냄새에 까맣게 그을린 얼굴만 본 탓일까? 어린 눈에 화장하고 고운 한복 차림의 새댁은 다 예뻐 보였다.

종일 아궁이에 불을 지펴 잔치 음식을 하니 구들장이 깔린 방은 절절 끓었다. 솜 요대기를 접어 깔고 그 위에 방석을 놓고 연지곤지 찍은 신부가 가부좌를 틀고 앉았다. 세상에서 가장 얌전한 자세로 고개를 다소곳이 숙인 채 신부상을 받는다. 국수를 두어 가닥 입을 벌린 듯 마는 듯 먹다가상을 물렸다. 맛난 음식이 가득한데 손도 안 대고 왜 종일 굶는 걸까 이상했다. 화장실 가는 일 때문에 일부러 굶기도 한다는 걸 나중에 알았다.

겨울에 저녁밥을 먹고 어린 철부지들은 눈치도 없이 경수 아재의 신혼방으로 놀러 갔다. 화롯불을 가운데 두고 둘러앉아 도란도란 얘기를 나누는 게 좋았다. 새댁의 화장품 냄새도 좋고 장롱이며 도배도 새로 해 깨끗한 분위기도 좋았다.

그렇게 평화가 흘러가던 어느 날 마을이 발칵 뒤집혔다. 경수 아재 각시가 냇가에서 빨래하느라 빼 놓은 금가락지가 없어졌다고 했다. 경수 아재의 형수가 무슨 '방자'를 한다고 했다. 미꾸라지를 재단에 놓고 어떤 의식을 치른 후 미꾸라지 눈을 바늘로 찌르면 금반지를 가져간 사람의 눈이 먼다고 했던 것 같다. 세상에 금반지가 얼마나 소중한지 몰라도 방자를 다 하냐고 뒤에서 쑥덕거리는 사람도 있었다.

나중에 진실을 알았는데 그렇게 소문을 내는 게 목적이었다. 그 소문을 듣고 겁나서 가져간 금반지를 내놓기 바랐던 것이다. 혹 가장 가까운 사람이 당할까 봐 함부로 실행에 옮기는 경우는 거의 없다고 했다.

그 후 엉뚱한 데서 금반지의 행방을 찾았다. 마을 개구쟁이들이 물고기를 잡다 금반지를 주웠다고 한다. 한 아이는 그게 마을을 뒤집어 놓은 물건인지도 모르고 실에 꿰어 목에 걸고 다녔다고 했다. 금을 본 적이 없으니 당연한 일이다. 금반지를 찾았어도 경수 아재네 가정의 평화는 그리 오래가지 못했다. 술을 마시면 살림을 부수고 각시를 두들겨 팼다. 그리고 술이 깨면 싹싹 빌었다. 장롱의 깨진 유리도 끼우고 부서진 가구도 고쳐 놓기를 반복했다.

  나는 각시가 숨죽여 우는 걸 보면서 경수 아재를 미워했다. 왜 저렇게 예쁜 각시를 울리는 것인지.

  그러다 딸아이가 태어났으나 아재의 술주정은 여전했다. 어느 날 각시가 아이를 친정에 맡기고 자취를 감췄다. 경수 아재는 밥보다 술로 세월을 보내다가 결국 병을 얻었다.

  대전 병원에 입원했다가 가망이 없어 퇴원하는데 그의 형수와 형이 받아들이지 않았다. 아재가 타고 온 택시는 환자를 땅바닥에 내려놓고 떠났다. 가까운 친척들이 서로 미루고 외면하자 경수 아재가 날카롭게 내뱉던 한마디가 뇌리에 각인되어 있다. 바짝 마른 몸에 배는 만삭의 임부처럼 부풀었고 눈빛은 형형하게 빛났다. "시팔 칼로 배를 칵 찔러 죽이든지." 그때 그 시니컬한 아재의 음성은 지금도 생생하게 귓전을 맴돈다.

  그 후 아재는 죽었고 훗날 두어 번 아재 딸 소식을 들었다. 나보다 예닐곱 살 정도 아래일 테니 살았으면 50 후반의 나이가 되었을 경수 아재 딸의 안부가 문득 궁금하다. 부모 복 없이 태어났으니 어디서든 좋은 남자 만나 아들딸과 더불어 다복한 가정을 꾸리고 행복했으면 좋겠다.

개나리 핀 꽃길을 걸으며

◇◇◇

 못 잊어 이끌리듯 또다시 이 길을 찾았습니다. 작년 그때의 이 길은 그대로인데 나는 서서히 야위어 갑니다.
 아아, 이제 막 휘장이 걷히고 제1장 1막이 올랐습니다.
 고향집의 젊은 엄마가 화롯불에 인두를 꽂아 놓고 어린 딸의 설빔을 지으십니다. 뼘 짐작으로 옷감을 마름하고 등잔불의 심지를 돋우십니다.
 예닐곱 살의 계집아이가 바람개비처럼 팔랑대며 주위를 맴돌다 잠이 듭니다. 샛노란 저고리와 연분홍 꼬리치마에 꽃고무신을 신고 꿈속에서 마냥 행복해합니다.
 화들짝 엄마의 손길이 바쁩니다. 정성 가득 한 땀 한 땀 뜨고 난 후 바늘을 뽑아 하얀 눈 위에 펼치십니다. 아침 이슬을 맞혀 다림질하셨던 그 아름답고 고왔던 어머니가 세월의 무게에 짓눌려 계십니다. 여섯 남매 날개 달아 모두 날려 보내고 빈 둥지에 홀로 남아 신음하고 계십니다.
 아아, 어찌하여 당신은 그 노구를 이끌고 간밤에도 때때옷을 지으셨나요.
 길목 어귀마다 저고리를 걸어 놓고 고운 치맛자락으로 온통 산이 붉습니다.
 그리워 이끌리듯 또다시 이 길을 걸어갑니다.

나룻배와 선장

◇◇◇

나는 충남 연기에서 태어났다. 뭐 특별할 것도 없고 그저 고만고만한 전형적인 농촌의 작은 마을이었다. 얕은 산자락 아래 옹기종기 30여 호가 부락을 이루고 살았는데 기와집 두어 채 빼고는 모두 초가였다. 앞에는 작은 시냇물이 흘렀다.

동네 개구쟁이들이 여름에는 벌거숭이로 멱도 감도 물장구도 치며 놀았다. 쑥을 따서 귀를 막고 코는 손으로 막고 숨을 참고 떠내려가는 개헤엄을 즐겼다. 청년들은 솥을 걸어 놓고 버들치며 쏘가리 같은 물고기를 잡아 천렵도 즐기고 아낙들은 가족들의 빨랫감을 이고 와 손빨래를 했다.

만추의 계절이면 새 짚으로 이엉을 엮어 지붕을 단장했다. 동네 아저씨들이 모여 지붕에 사다리를 놓고 올라가 묵은 이엉을 걷어 내고 새 이엉으로 갈아 씌웠다.

그러면 아담한 농촌 마을은 한 폭의 아름다운 풍경화로 걸려 멀리서 바라다보면 장관이었다. 그런 마을에서 동시대에 태어나 어린 시절을 공유한 내 소꿉놀이 친구들은 내 유년의 자양분이 되어 주었다.

신발은 내 몸을 싣고 인생길을 걷는 나룻배라면 나는 방향의 키를 잡고 노를 젓는 선장이다. 지금까지 나는 몇 척의 나룻배를 갈아치우며 항해를 하고 있는 것일까? 내 기억으로 나의 부모님은 자식들에게 검정 고무신을 신기지는 않으셨다. 형편이 좋아서가 아니라 자식들의 자존감을 챙겨 주시는 배려였다고 생각한다.

우리 부모님은 다행하게도 자식들 눈 밝혀 주는 걸 1순위에 놓으셨다. 눈 뜬 봉사는 만들지 않겠다고 말씀하셨다. 좀 잘사는 집 딸들도 국민학교만 졸업하면 남동생이나 오빠 뒷바라지로 내몰리는 걸 보면서 나는 부모님께 감사했다.

언젠가 방학 때 내려갔을 때 딸이 손님 같아 어렵다는 말씀을 하셨다. 물론 내가 살갑게 구는 성격이 아니라 그렇게 느끼셨던 것 같아서 죄송할 따름이다. 내 기억으로는 어머니를 끌어안고 얼굴을 비빈다거나 그런 스킨십(skinship) 같은 걸 한 적이 없었던 것 같다.

형제들끼리 잠을 자다가도 살이 닿는 걸 싫어해 어머니는 차갑다는 말씀을 하시곤 했다. 어머니는 내게 꽃고무신을 사 주셨는데 좌우 바깥쪽으로 리본 같은 게 달렸던 것 같다. 꽃무늬의 코고무신도 어렴풋이 생각이 난다. 추석이나 설 같은 명절 때 추석빔이나 설빔으로 한복을 해 주셨는데 거기에 맞춰 코고무신을 준비해 주셨다.

그땐 옷감을 끊어 손수 옷을 짓던 시절이었다. 명절이 돌아오면 한 달 전부터 어머니의 손길은 바빠지셨다. 겨울밤에 한잠 자고 깨어 보면 화롯불에 인두를 꽂아 놓고 바느질을 하시던 어머니 생각이 난다. 그때의 어머니가 잠자는 모습을 본 기억이 없는데 늘 우리보다 늦게 주무시고 일찍 일어나셨기 때문이다.

 줄자를 사용하던 시절이 아니어서 옷을 지을 때면 어머닌 뼘 짐작으로 옷을 지으셨다. 내 몸을 한 뼘 두 뼘 재시던 어머니의 그 손길을 지금도 기억하고 있다. 그 방법은 신발을 살 때도 예외 없이 적용하셨다. 내 발을 뼘으로 재서 신발을 사 오셨다. 간혹 장날 못 가실 경우 남에게 시킬 때는 지푸라기를 사용하셨다. 볏짚을 한 가닥 뽑아 치수를 재어 부탁하시던 모습도 눈앞에 선하다.

 우리 마을에서는 오 리 정도를 걸어서 읍내에 있는 학교에 다녔다. 지금처럼 이것저것 용도에 맞게 갖추어 놓고 번갈아 신었던 게 아니라 딱 한 켤레로 통학을 했으니 신발은 금방 헤졌다. 한창 뛰놀던 시기였고 자갈이 깔린 비포장도로를 걸어야 했다. 더구나 지금처럼 고퀄리티가 아니라 신발의 질도 형편없었던 시절이었다. 부모님들은 아껴 신지 않는다고 야단도 치는 촌극(?)이 벌어지는 상황도 왕왕 있었던 시기였다. 오죽하면 우스갯소리 같은 일화가 입소문을 타고 번졌을까 싶다.

 어떤 구두쇠가 신발을 아껴 신는 방법이라며 신발을 들고 걷다가 저 앞에서 사람이 오면 얼른 신고 가다 벗으라고 했다. 그러자 구두쇠2가 말했다. 그러면 신발이 닳게 되니 얼른 신발을 신고 사람이 지나갈 때까지 서 있어야 한다고 했다던가? 아마 작금(昨今)의 애들이 들으면 호랑이 담배 피우던 시절의 설화(說話)쯤으로 치부하고 말 것이다.

그러다가 이 작은 마을에서도 운동화가 선을 보였다. 까만색에 앞부분만 살짝 직사각형의 흰색을 한 그 운동화가 그때는 촌뜨기 소녀의 눈에는 참으로 멋스럽게 보였다. 나는 국민학교 고학년 내내 그 운동화를 애용했다. 그러다가 중학교 입학식에 입을 새 교복에 오리표 운동화를 사서 몇 번씩 끈 매는 연습을 하며 거울 앞에서 홀로 패션쇼를 했다.

고등학교 때는 충정로 양화점에서 단화를 맞춰 신는 호사를 누리기도 했다. 참으로 부러울 것 없는 꿈 많은 나의 소녀 시절은 그렇듯 소박하게 흘러갔다.

토요일이면 어김없이 운동화를 칫솔로 깨끗하게 빨아 댓돌 위에 나란히 놓고 말려 신었다. 겨울이면 동태처럼 꽁꽁 얼어 뻣뻣한 운동화를 부뚜막에 말렸는데 그래도 덜 마르면 어머니는 아궁이에서 숯불을 끌어내 말려 주시는 수고를 하셨다.

운동화 한 켤레와 새 옷 한 벌로도 행복했던 때였으나 나는 그 시절이 그립다.

그때의 마을 사람들은 정으로 맺어진 사이였다. 물론 임씨들이 사는 마을이라 따져 보면 다 친척 관계지만 서로 네 일 내 일 없이 도와 가면서 살았다.

　신발이나 교복 교과서도 스스럼없이 물려 입고 물려주었다. 그래도 누구 하나 불평 없이 물려받은 교복이나 운동화를 신고 교과서로 공부했다. 학교 보내 주는 것만으로도 최고의 혜택으로 알고 축복이라며 감사하면서 살아왔다. 우리 세대들은 이제 남은 생은 즐기고 누리며 살았으면 한다. 내 형편이 허락하는 한도 내에서 마음껏 행복해도 괜찮지 않을까? 분수에 알맞게 기호에 어긋나지 않게 말이다. 물론 자유롭되 방종(放縱)은 금물이다.

　보릿고개가 녹록지 않던 시절
　까무잡잡한 깡마른 계집애는
　단발머리 나풀대며
　거침없이 산과 들로 내달렸지요
　송홧가루 풀풀 쏟아져 내리고
　진달래꽃 따고
　산딸기 따고
　달래와 쑥과 씀바귀를 캤지요

여덟 살 적엔 엄마 손에 이끌려
경쟁 구도의 첫 관문인
읍내 국민학교에 입학했지요
망아지처럼 뛰어놀던 들판보다
넓은 세상이 펼쳐진다는 것도
어렴풋이 깨달았지요

검정 교복에 흰 카라가 눈부시고
오리표 운동화를 신던 날
고삐 풀린 망아지는
가슴 설레는 나비가 되었지요
하얀 양말 접어 신은 두 발을
운동화 속에 쑥 집어넣으면
한 마리 날개 달린 나비가 되어
나는 듯 가볍게
사뿐사뿐 앞으로 달려갔지요
가슴 가득 꿈을 안고
훨훨 날아가는 나비가 되어

「나비가 되어」 임솔희 作

사랑이 유죄다

◇◇◇

　수명이 짧아 고작 환갑을 넘기면 장수했다고 말하던 시절이 불과 우리 할아버지 할머니 때다. 그러니 환갑노인네라고 불렀고 환갑노인은 장수의 상징이기도 했다.
　지금은 백 세 시대라고 백 세를 넘긴 노인도 뉴스에 심심치 않게 등장한다. 그 긴 세월 동안 해로한다는 것이 복인지 저주인지는 본인들이 판단할 문제다. 남의 속사정까지야 제3자가 어찌 알 수 있으랴.

　아이들이 유치원 다니던 시절이었다. 이웃 엄마들끼리 자주 어울려 티타임도 갖고 양념도 빌려 쓰면서 가까이 지냈다. 그중 한 여자의 남편이 미군 부대에 근무했는데 툭하면 아내에게 손찌검을 했다. 나이 차이가 좀 있었고 여자가 한 미모를 자랑했다. 남자는 작달막하고 체격이 다부졌다. 소위 미녀와 야수라고나 할까? 그 부부는 어울리는 듯 안 어울리는 언밸런스(unbalance)다. 인물은 여자가 단연 우세했고 학력은 남자는 대졸이고 여자는 국졸이니 남자가 우세다.
　그나저나 이왕 만났으니 서로 부족한 부분 메우면서 맞춰 살면 오죽 좋으랴마는 문제는 남자의 허세가 대단했다. 없으면 없는 대로 사는 남자가 아니었다. 호기롭게 떡하니 갈

빗집에서 식솔들을 거느리고 외식을 즐겼고 외상 장부에 달아 놓고 나오는 가장이었다. 어려운 시절이었으나 갈빗집까지 외상을 진다는 건 비난받아 마땅한지도 모른다. 그걸 갚지 못해 집으로 묵은 외상값 받으러 오니 동네 소문이 파다하게 퍼졌다. 꼭 필요한 생활용품도 아닌 갈비 먹고 이빨 쑤시고 외상값 때문에 수모받는 일은 각광받을 일은 아니다. 거기다 이 남자 툭하면 아내를 때려 아내 눈두덩에 피멍 가실 날이 없었다. 그 여자가 아침부터 시커먼 색안경을 끼고 나타날 때면 서방의 일방적인 강펀치에 얻어터져 울고불고 밤을 보냈을 터였다. 그리고 이삼 일을 못 넘기곤 온 식구가 호호하하 자동차를 몰고 나가 외식을 하니 동네가 시끌벅적했다.

그 여자와 진지하게 속사정을 토론한 적이 있었다. 아이들 앞에서 폭력과 폭언을 일삼는 남편과 그만 살아야지 다짐에 다짐을 수없이 했다. 그때마다 고약한 서방은 약을 발라 주면서 내가 미친놈이라며 나를 죽여 달라고 울면서 자책을 했다. 너를 너무 사랑해서 다른 남자 쳐다보는 것도 싫어서 그랬다고 악어의 눈물을 뿌리며 애원하고 사정하고 매달리길 반복했다. 눈물 젖은 선물 공세를 펼치며 무릎 꿇고 싹싹 빌면 속없는 이 여자의 자물쇠는 스르르 풀리곤 했다. 애들 앞에서 이 남자가 "야, ○○아, 나는 그래도 네가 고등학교는 나온 줄 알았다." 하고 내뱉던 독설은 평생 상처로 남을 거라면서 섧게 울었다. 자기가 묻지도 않는데 굳이 나 국졸이라고 말할 필요가 있었을까? 자기가 어린 여자의 미모에 눈멀어 겉모습만 보고 내면의 깊이는 헤아릴 겨를도 없이 서두르지 않았더냐. 여자가 어리고 예쁘니 홀딱 반해 꼬여 결혼해 놓고 망령이 들었는지 지적이지 않다고 이제 와서 지랄이니 웬 망발인가 말이다.

사랑을 빙자해 여자를 때리는 서방을 모시고 사는 그녀가 한없이 불쌍해서 나는 늘 연민으로 그녀를 바라봤다.

애들이 중학교에 들어갈 무렵 애들 교육을 이유로 우린 의정부로 이사를 했다. 그리고 몇 해 지나지 않아 여자가 가출해 군인과 살림을 차렸다는 소문이 바람결에 들려왔다. 또 5년 전쯤 그 남자는 암으로 북망산천으로 직행했고 딸도 결혼을 했다는데 그녀의 소식은 아직 잠잠하다.

내 30대 후반, 잠깐이나마 길동무로 동행했던 그녀의 애잔하고 굴곡진 삶의 흔적이 아픔으로 각인되어 있다. 어디서든 아껴 주는 서방 만나 사랑받으며 행복한 여자로 늙어갔으면 좋겠다.

기관지 확장증

◈◈◈

환우들의 글을 읽으며 꽁꽁 빗장을 질렀던 내 마음의 門을 활짝 열어 볼까 한다.

나는 어릴 때 홍역을 심하게 앓았던 기억이 있다. 몇 날 며칠을 고열과 기침으로 어머니의 애간장을 태우며 생사를 넘나들었다. 순전히 어머니의 헌신적인 노력으로 살아났다는 걸 떠올리면 지금도 가슴 한쪽이 뻐근하게 저리고 아프다. 그렇게 홍역을 앓고 난 후 친구들과 뛰어놀다(참 열심히 산과 들을 무대 삼아 고삐 풀린 망아지처럼 뛰어놀았다.) 처음으로 각혈을 경험했다. 아련한 기억으로 참 많은 양을 토해 냈다. 기침이나 가래도 심해졌다.

어머니는 나를 보건소로 데려갔고 엑스레이와 객담 검사를 거쳐 폐결핵이라는 진단이 내려졌다. 당시 우리 동네에 결핵을 앓는 아저씨가 계셨는데 사람들이 그 집을 멀리하는 걸 본 나는 어린 마음에도 집 안에만 틀어박혀 지내게 되었다. 그때 형성된 내성적인 성격으로 걸핏하면 주눅이 들곤 한다. 보건소에서 처방해 준 약을 꾸준히 복용했다. 그리고 완치 판정을 받았는데도 가끔 각혈을 했다. 나의 성장기(학창 시절)는 각혈로 점철되어 참 소극적이고 그래서 불행했다. 숨기기 급급했고 이러다 죽겠구나 하는 체념도 하며 살아지는 대로 그냥 그렇게 흘려보낸 세월이 허무하다. 그래도 난 죽지 않았고 또래처럼 성장 과정에도 지장은 없었다. 단지 남몰래 각혈만 할 뿐이었다.

오랫동안의 경험으로 결핵은 아니라는 확신이 들었다. 몇 차례의 크고 작은 병원에서 진찰(검사)을 했지만 결과는 매번 괜찮다는 거였다.

결혼도 하고 세 아이를 키우면서 몹시 피곤한 걸 몸으로 알았다. 무엇보다도 아침에 일어나는 게 가장 힘들었다. 천 길만길 낭떠러지에서 헤매는 느낌이랄까, 몸 추스르기가 너무 힘들었다는 기억이 난다. 물론 병명을 모르니 당연히 별다른 치료도 못 했다. 아이들과 가사에 시달리니 늘 나른한 컨디션으로 야위어 갔다. 사람들을 만나면 '애기 엄마, 어디 아파요?'라는 질문을 수없이 들으며 세월은 흘러갔다. 그리고 우연히 동네 내과에서 흉부 엑스레이만 갖고 기관지 확장증이라는 판정이 내려졌다. 별반 기대도 없이 들렀는데 노련한 의사는 정확하게 병명을 짚어 냈다.

그 유능한 의사는 별다른 치료법이 없으니 심해지면 수술을 할 수밖에 없다고 일러 주었다. 그러나 문제는 곳곳에서 도사리고 있었다. 자기 관리라는 걸 할 줄 몰랐던 나는 정상인들과 다름없이 생활하고 있었다. 문인들의 모임에는 늘 술자리가 예사였고 나는 타고난 애주가였다. 주량은 약한데

음주 문화를 즐기는 나는 종종 과음을 하곤 했다. 그리고 일년에 몇 번씩 치러지는 제사 때문에 온종일 시장 보고 가스레인지 앞에서 기름에 지지고 볶고 서서 일하는 부엌일에 지쳐 갔다. 그런 다음 날엔 영락없이 각혈을 경험했다.

 무식하면 용감하다더니 난 병원 갈 생각을 안 했다. 가야지, 하다가도 각혈이 멎으면 그냥 주저앉았다. 아, 그래. 이 병은 별다른 치료법이 없다고 했지.

 내 인생의 전환점이 된 작년 5월, 난 반려자를 잃었다. 위암으로 5년을 투병하다 끝내 세상을 하직한 남편이다. 그때 1개월을 꼬박 병실에서 보내고 장례식을 치르는 동안 틈틈이 보이던 소량의 피가 걷잡을 수 없이 펑펑 솟아올랐다. 감당할 수 없을 만큼 많은 양의 각혈이 일주일 내내 계속되었고 이제는 정말 죽는구나, 하는 절망과 초조와 불안감이 엄습했다.

 둘째가 인터넷을 뒤지더니 빨리 응급실로 가자고 한다. 그런데도 난 피가 멈추면 가겠다고 미욱하게도 고집을 부렸나. 자꾸 넘어오는 걸 어떻게 움직이나, 하면서 미뤘으니 참 미련했다. 그렇게 며칠 지나서 각혈이 멎고 신촌 세브란스를 찾았다. 내 말을 듣던 의사 왈.

 "그러다 돌아가실 수 있어요. 그럴 때는 빨리 가까운 응급실로 가셔야 합니다.(지금도 그때를 생각하면 실소를 금치 못한다.)"

 이것저것 검사가 시작되었고 색전술이라는 걸 했다. 피 나오는 구멍을 묶었다고 한다. "또 피가 넘어오면 얼른 응급실로 가셔야 합니다." 의사가 매우 친절했다.

 그 후로 10년이 넘었지만 아직은 각혈 없이 잘 살고 있다. 오래전부터 가래는 없는 게 다행이었다.

 아, 오늘도 온종일 비가 내릴 모양이다. 모쪼록 기관지 확장증 환우들과 정보도 교환하고 몸 관리하면서 남은 삶은 아름답길 소망한다.

두릅

◇◇◇

코로나19라는 전염병으로 한산하던 덕정역 앞 오일장이 모처럼 우뚝 섰다. 나는 장돌뱅이처럼 이끌리듯 시장을 한 바퀴 돌았다. 노점상에서 작은 소쿠리에 담긴 두릅으로 시선이 갔다.

얼마예요? 한 접시나 될까 싶은 게 만 원이라고 한다. 두 번째 노점에서도 같은 양에 같은 가격이다. 저울이 없어도 가격표가 없어도 일정한 판매가에 감탄하면서 과일이나 채소를 파는 가게 앞에 섰다. 어떤 중년 여자가 생고사리 가격을 물으니 제법 많은 양인데 8천 원에 가져가라고, 마누라가 이 가격에 파는 걸 알면 안 된다는 뉘앙스를 풍긴다. 얼른 지갑이 열리고 고사리가 팔려 나갔다. 그때 저쪽에서 부인이 이걸 싸게 팔아 못마땅하다는 시늉을 한다.

한옆에 싱싱한 두릅이 쌓여 있다. 가격을 물으니 만 원에 팔던 건데 6천 원 내라면서 그 또한 마누라 몰래 얼른 팔아치울 거란다. 한 팩에 500그램 정도는 되는 것 같았다. 나도 혹해서 3팩을 골라 담고 공범(?)처럼 얼른 셈을 하고 누가 쫓아오기라도 하나 도망치듯 집으로 돌아왔다. 한 줌 데쳐 쫑쫑 썰고 초장에 참기름과 깨소금을 첨가했다.

밥 한 그릇 쏟아 넣고 초장에 쓱쓱 비벼 먹으니 탱글탱글

두릅 줄기 씹히는 식감도 일품이고 꿀맛이다. 달달한 커피까지 챙기고 나니 포만감으로 기분도 좋고 점심 한 끼 완성이다. 그런데 이상도 하지. 자꾸 두릅이 아른거렸다. 1킬로그램에 12,000원이면 착한 가격인데 다 팔리면 어쩌나?

얼른 지갑을 들고 슬리퍼를 끌고 시장으로 걸어간다. 두릅 파는 가게 앞까지 보무당당하게 도착했는데 한동안 눈치를 봐야만 했다. 남자 사장님은 가게 안에 있고 여자가 물건을 팔고 있으니 총체적 난국이다. 그냥 올까 하다 슬쩍 가격을 물어봤다.

이런 젠장…. 6천 원이라고 또박또박 발음하는 여자와 아내 몰래 싸게 판다던 그 남편이라니. 내가 6천 원에 사 갔다는 걸 알고 그 값을 부른 걸까? 아니면 원래 정당하게 매겨진 가격인데 남자의 수완에 내가 넘어간 걸까 잠시 혼란스럽다. 그래도 내가 제값 다 주고 왜 눈치를 봤는지 억울하다.

옻순 도둑

◇◇◇

오래된 오두막의 나무 울타리가 엉성하다. 마당 한구석 빈 땅을 조금 일구고 이것저것 호박이나 상추 등 푸성귀를 심었다. 약이나 거름을 하지 않으니 열매채소는 언감생심이다. 그저 잎채소나 가꾸고 벌레와 나누어 먹을 수밖에 없다는 걸 시간이 흐르면서 깨닫는다.

사람들이 많이 왕래하는 길옆이라 소소한 것도 손을 탄다. 길손이 손을 뻗어 닿는 것이라면 호박이든 고추든 따는 게 임자였다.

언젠가 잘생긴 조선호박 한 덩이가 곱게 물들어 가고 있었다. 튼실하고 반듯해서 매일 들여다보며 애정을 쏟았다. 그리고 모레쯤이면 따야지 했는데 그만 그날 밤 어떤 검은 손이 와서 몰래 따 모셔 갔다. 호박 덩굴만 쓸쓸히 바라보고 돌아서는데 헛웃음만 나왔다.

이제 다신 아무것도 심지 않으리라. 그런데 그게 그렇게 되질 않았다. 농부가 수지 안 맞는다고 땅을 놀리는 법이 어디 있나. 이번엔 인터넷으로 옻나무 묘목 몇 그루 주문해 식재했다. 친정 식구들이 옻순이나 옻닭을 좋아하는 데 착안했고 또는 남의 것을 탐하는 도둑들아 옻이나 올라라 하는 심보도 한몫 단단히 했던 것이리라.

무럭무럭 병충해도 없이 옻나무는 잘 자라 주었다. 순으로 나물도 즐겼고 가지를 잘라 옻닭도 해 먹으니 버릴 게 없었다. 다행한 것은 누구도 옻나무는 건드리질 않아서 목적은 달성한 것이다.

지난 5월 3일, 대전에 사는 오빠 내외가 옻순을 따러 오기로 약속했다. 새벽이라도 요즘은 날이 훤하게 밝아서 6시에 일어나 마당으로 나갔다. 그런데 웬일인가? 옻순의 연녹색으로 푸르르던 시야가 휑한 게 아닌가. 쿵 내려앉는 심장을 다독이며 다가가니 옻나무 가지도 찢어지고 여기저기 옻나무 이파리가 널브러져 있다. 그리고 무슨 이유인지 한쪽 구석에 옻순이 수북하게 쌓여 있다. 왜 따 놓고 가져가지 않았을까? 주위를 둘러보니 100여 미터쯤 떨어진 옆집 앞에도 옻순 한 무더기가 쌓여 자동차가 밟고 지나 뭉크러져 있었다. 우리 집 앞길은 소방도로라서 넓은 탓에 밤이면 동네 주차장 역할을 한다. 감시용 카메라도 설치되어 있고 가로등이 환하게 길을 밝히고 있는 곳이다. 추측건대 가로등 때문에 도둑질하긴 좋았겠으나 나중에 카메라를 의식하고는 도로 쏟아 놓고 가지 않았을까 유추해 보는 것이다. 그럼 저만치 옆집 대문 앞에 버리고 간 것은 무슨 까닭일까. 얼마만큼이라도 가져가려다 겁나서 그것마저 버리고 간 것일까?

집 건너 호식이 두 마리 치킨 가게 안주인이 저 옻순 누가 땄어요? 하고 묻는다. 내가 설명을 하니 그 도둑을 봤다고 한다.

밤 12시 넘어 가게일 돕는 딸하고 퇴근하려는데 웬 남자가 모자 쓰고 배낭도 메고 아예 갈고리 같은 장비까지 들고 옻나무 아래서 서성이더란다. 의심이 가서 잠깐 동태를 살피다 눈이 딱 마주쳤다고 한다. 하여 더 있기도 그렇고 얼굴을 봤는데 설마 무슨 일이야 있을까 싶어 그냥 퇴근했다고 한다. 설마가 사람 잡는다는 속담이 생각나는 순간이다.

그리운 배 여사

◇◇◇

배 여사는 S생명의 건실한 보험설계사로 일하고 있었다. 두 딸의 엄마이며 늠름한 대한민국 육군 상사를 남편으로 둔 주부이기도 하다. 매사에 긍정적이며 자기가 가진 만큼만 누릴 줄 아는 현명함도 지니고 있다.

그를 알고 지낸 지 10년이 다 되어 가지만 볼수록 뚝배기 같은 진면목이 배어 나오는 진국이다. 커다란 덩치와 천하에 급할 게 없는 느긋한 성격은 나와 대조적이다. 맺고 끊는 걸 분명히 하는 차가운 일면을 지닌 나는 그녀와 묘한 조화를 이룸에 입가에 가벼운 미소가 흐른다.

나는 그녀를 소식통이라 부른다. 늘 대식구 때문에 집안일로 소일하는 나에게 이곳저곳 소식 보따리를 들고 와 풀어 놓는다. 때로는 눈물도 찍어 내고, 더러는 박장대소도 하며 두세 시간쯤은 거뜬히 유쾌하고 즐겁다. 그녀의 수입은 결코 만만하지 않다. 물론 처음부터 그녀의 남편이 보험설계사 일을 찬성한 건 아니었다고 한다. 그럼에도 불구하고 꾸준히 스캔들 한번 없이 두둑한 급여 봉투를 내밀었더니 남편이 달라지기 시작했단다.

수금이나 계약 마감 때문에 귀가가 늦어지는 날에는 저녁도 지어 놓고 청소며 세탁기도 돌려 주더란다. 아내가 끙끙 앓기라도 하면 아침밥을 짓고 아이들 등교도 시키는 일등 남편으로 바뀌었다고 자랑이 대단했다. 때로는 부대원들에게 계약 건도 소개하는 등 남편의 외조는 아내를 신명 나게 했다.

그녀는 덩치에 걸맞게 인정미도 가을 들녘처럼 풍요롭다.

오지랖도 넓어서 초혼, 재혼 불문하고 중매도 곧잘 서며 실직자들 취직도 알선한다. 팔아 주고 사 주는 거간꾼 노릇도 한다. 귀동냥으로 아는 것도 많다. 어디에 뭐가 있으며 무슨 병에 무슨 약이 좋다는 등 만물박사다.

이웃에 가내공업으로 인형을 만드는 공장이 있었다. 그때 그녀는 부업을 하는 집에 일감을 돌리고 완제품을 거두어 가는 업무를 맡고 있었다. 아직 그녀와 말을 트기 전, 골목 어귀나 어느 집 대문 앞에서 자전거에 짐을 실어 나르는 그녀의 초라한 모습을 종종 볼 수 있었다. 언제나 그녀는 한결같았다. 커다란 덩치와 부스스한 머리, 실밥이며 먼지가 다닥다닥 붙어 있는 작업복 차림새였다. 새침한 나에겐 그저 관심 밖의 그녀였다. 그런 그녀를 가까이하기 시작한 건 그녀가 우리 집을 드나들기 시작한 때와 맞물린다.

수도요금이나 전기요금 따위로 가끔 아래층으로 내려가면 그녀가 거기 있었다. 세 든 사람과 수다를 떨며 인형 옷을 만들고 있는 그녀 곁에 나도 슬며시 끼어들어 동석을 했다.

커피 한 잔 얻어 마시며 그녀들과 말을 섞기 시작한 것이다. 고향이나 나이가 비슷하다는 것도 그녀들과 가까워진 요인이었다. 어찌나 입담이 구수한지 그녀들과 어울리면 시간 가는 줄 몰랐다. 먼저 베풀지는 않아도 받은 건 반드시 되돌릴 줄 아는 그녀는 융통성은 없지만 절대로 공짜를 밝히는 타입은 아니라는 걸 알았다. 그런 그녀에게 나는 차츰 매료되기 시작했다. 열심히 땀 흘리고 일한 만큼만 얻으려는 그 자세가 신선했다.

어찌 된 영문인지 인형집이 파산했다는 소문이 돌았고 빚쟁이들이 몰려들었다. 호구지책으로 인형집 여사장은 변두리 다방의 늙은 레지가 되었다고 했다. 그녀도 얼마쯤 물렸다고 했다. 그러나 그녀는 의연했다. 월세방으로 내몰린 그 집 식구들이 불쌍해서, 또는 그 집이 잘되어야 빌려준 돈을 받을 수 있겠다 싶어서 재투자를 했다며 웃었다. 대학에 다니는 그 집 남매 등록금도 내 주고 비행기표와 비용 일체를 들여 취직도 시켜 인형집 여자를 일본에 보냈다고 했다.

엊그제 전화로 거긴 물가가 비싸다고 옷 좀 사 보내라는 전갈이 왔다고 했다. 아쉬운 대로 입으라고 몇 가지 사서 주소가 적힌 봉투와 함께 우체국 직원에게 내밀었다. 우체국 아가씨도 일어는 안 배웠는지 고개를 흔들었다. 진퇴양난에 빠진 우리의 배 여사는 그래도 용감했다. 땀을 뻘뻘 흘리며 간신히 주소를 그려서 주었더니 우체국 아가씨가 물었다.

"아주머니, 여기가 어디예요?"

"나도 몰라요. 그래도 전에 그렇게 보낸 거 잘 받았다고 전화 왔어요."

일본어를 모르니 주소를 읽지 못하는 건 당연했다.

두 사람이 몰라서 난처했을 그 상황이 떠올라 배를 움켜쥐고 떼굴떼굴 구르며 눈물이 쏙 빠지게 웃었다. 이렇게 착하고 솔직한 그녀를 내 어찌 좋아하지 않을 수 있으랴.

그렇게 만난 그녀가 어느 날 돈을 떼이고 남편과 이혼했다고 쓸쓸히 웃었다. 나는 애들 건강보험을 하나씩 들었고 그녀가 사은품과 청약서를 들고 온 게 마지막이 되었다.

어디서 무얼 하고 있을까 수소문해 봐도 영 소식을 알 수 없는 그녀의 푸짐한 모습이 종종 그립다.

호박 서리

◇◇◇

흔히들 뚱뚱하고 못생긴 여자를 호박에 비유한다. 늘씬하고 잘생긴 호박도 얼마든지 있는데 왜 그런 비유가 난무하는지 모르겠다.

호박이 넝쿨째 굴러들어 왔다는 말처럼 긍정적으로 쓰일 때도 있긴 하다.

나는 해마다 호박잎쌈을 즐기려고 호박을 심는다.

길가의 집이라 호박이 열리면 슬쩍 따 가는 검은 손길이 있어도 호박을 심는다. 고향집 토담이나 헛간 지붕, 밭두렁 등 어느 곳에서나 지천으로 피던 호박꽃은 내 유년의 정서에도 한몫을 했다.

별다른 장난감이 없던 시절이었다. 벌이 꽃 속에서 꿀을 빨고 있을 때 가만히 호박꽃 입구를 실로 묶어 꺾는다. 그걸 들고 다니면 노란 꽃등 안에서 윙윙대는 벌이 재미있었다.

친정어머니는 제철에 나는 애호박으로 호박젓국을 즐겨 식탁에 올리셨다. 애호박을 채 썰어서 마늘, 파, 풋고추로 양념을 한 다음 새우젓으로 간을 하셨다. 거기에 얼큰하게 고춧가루를 한 스푼 넣고 물을 자작하게 부어 무쇠 밥솥에 쪄 내셨다. 여름철 입맛을 돋우면서 소화도 잘되는 젓국이다. 그런데 나는 아직 그 맛을 못 내고 있다. 세월 따라 입맛이 변했는지 아니면 불 지피는 가마솥이 아니라 냄비에 가스불 탓인지도 모르겠다.

할머니는 호박을 늙힐 건 늙히고, 씨가 생겨 이도 저도 아닌 건 따로 골라 썰어 말리셨다. 호박고지를 만들어 두면 겨울 반찬으로 요긴하게 쓸 수 있었다.
누렇게 익은 호박도 많은 사랑을 받는다. 호박엿, 호박시루떡, 호박죽이나 범벅 등, 특히 부기를 빼 준다고 알려져 산모들이 선호한다.
할머닌 이미 오래전에 타계하셨으나 호박에 얽힌 일화가 있다.
어느 해 밭둑에 드물게 크고 잘생긴 호박이 늙어 가고 있었다. 할머니는 매일 그 호박을 보러 다니셨다.
닭 서리나 참외 서리 등은 왕왕 행해지던 시절이었으나 호박 서리는 생소했다. 그날도 다름없이 호박 문안을 가셨던 할머니는 화가 단단히 나셨다. 간밤에 누군가의 손을 탄 것이다. 할머니의 상심은 의외로 컸다. 오래도록 식사를 못하셨고 웃음을 잃으셨다.
나중에 진의가 밝혀졌는데 큰오빠가 친구들과 놀다가 서리라는 이름으로 저지른 소행이었다. 물론 할머니께서 애정을 갖고 계신 걸 모르는 오빠가 아니었다. 오빠도 내 것은 안 된다고 할 수 없었던 그 나름대로 고충과 입장이 있었을 터였다. 나는 할머니의 나이가 되어 호박을 심고 유난히 잘생겼거나 반질반질 예쁜 호박을 애지중지 아끼게 되었다.

그 애지중지하던 호박이 검은 손을 탔을 때 그 허탈한 심정으로 그때 할머니의 상실감을 미루어 짐작하는 것이다.

약속

◇◇◇

 언제부턴가 무기력증에 시달리고 매사에 짜증이 났다. 공연히 맥이 빠지고 의욕도 상실했으며 자신감이 없다. 집 안 구석구석 먼지가 쌓여 있어도 청소 한번 제대로 하지 못하고 남편이나 아이들 뒷바라지에도 소홀하기 일쑤다. 벌써 나이 탓일까마는 자꾸만 흐트러지는 자신을 추스를 수가 없고 깊은 늪으로 빠져드는 것이다. 그저 집안일도 감당할 수 없을 만큼 체력도 부실하다. 40킬로그램의 몸무게가 몇 년 전부터 서서히 불기 시작했다. 몸무게에 정비례해서 게으름도 강도를 더해 갔다. 사람들이 싫어지고 시끄러운 걸 못 참는다.
 이른 새벽, 간신히 무거운 몸을 일으켜 식사 준비를 하고 남편과 아이들이 집을 나서면 그대로 쓰러져 눕는다. 깊은 우울증에 시달린다는 생각을 하지 못했다.

 엊그제 남편은 소화가 안 된다고 한약을 몇 첩 지어 왔다. 마침 약탕기가 없어 시장을 다녀와야지 하면서도 차일피일 오늘까지 미루고 있다.
 속 좋은 남편은 다음 주에는 먹을 수 있겠느냐고 뼈 있는 농담을 하며 그냥 웃어넘긴다.

아이들 도시락 문제만 해도 그렇다. 남들은 자식이 아니라 상전이라면서 얼마나 정성을 쏟는가 말이다. 그래도 잘 안 먹어 준다고 속상해하는 엄마들을 보며 나는 면목이 없어진다. 도무지 자격이 없는 엄마다. 그저 도시락도 되는대로 싸 주면서 힘들어하는 모습만 보여 주는 못난 엄마다.

요즘엔 아내는 '안의 해'라는 말이 설득력 있게 들린다. 내가 건강해야 집안도 건강한 법인데 나로 인하여 우리 가정은 가라앉는 느낌이다. 이런 엄마가 딱해 보였는지 교회에 진심인 둘째가 신앙을 가져 보라고 넌지시 권한다. 아직은 고등학생인 아이가 너무 종교에 집착하는가 싶어 남편과 나는 은근히 걱정하던 참이었다. 그런데 오히려 엄마를 전도하려는 저의에 웃음이 터졌다. 아이의 표정이 하도 진지해서 거절도 못 하고 엄마 스스로 마음이 내킬 때까지 기다려 달라고 했다. 사실 마음이 약해진 탓인지 종교를 가져 볼까 생각하던 차였다. 반드시 그래야만 할 이유도 있었다.

둘째 아이를 낳고 6개월쯤 된 때였다. 큰아이를 업고, 작은 아이는 안고, 기저귀를 빨아 널려고 옥상을 오르내리는 일이 힘에 부쳤다. 무릎에 뻐근한 증상을 느끼면서 생활했는데 어느 날 밤 갑자기 쑤시고 통증이 심해 잠을 설쳤다. 놀란 남편이 출근도 하지 않고 택시를 불러 타고 병원으로 향했다. 이것저것 검사 끝에 '류머티즘 관절염'이라는 진단이 내려졌다. 커다란 주사기로 무릎에 고인 물을 빼내니 살 것 같았다. 그러나 샘물처럼 물은 빼면 다시 고였다. 그러면 다시 병원으로 달려가 물을 빼는 일이 반복되었다. 물이 고이면 무릎이 퉁퉁 부어올라 굽힐 수가 없으니 앉을 수도 설 수도 없어 고통스러웠다.

부엌 하나 방 하나 딸린 셋방에서 숫기가 없는 남편은 부엌문을 걸어 잠그고 기저귀를 빨았다. 누가 볼세라 옥상으로 올라가 널어 말리는 일은 도저히 못 하는 남편이었다. 나는 할 수 없이 불편한 다리를 이끌고 일이십 분은 족히 걸려서 옥상을 오르내려야 했다.

젖먹이를 안고 눈물로 살던 시절이었다. 다시 한번 온전히 걸어 볼 수 있을까 생각하면 막막했다. 그때 이웃에 살던 권사님이 내 사정을 알고 교인들과 함께 기도를 해 주겠다고 찾아오셨다.

'이 젊은 아기 엄마를 가엾게 여기시고 은혜를 베풀어 달라'고, 간절하게 기도하시는 모습이 너무 고마웠다. 하여 교회에 따라가 봤으나 물과 기름처럼 겉돌 뿐 난 믿음을 갖지 못했다. 그러면서도 아이러니하게 너무 힘들면 건방지게 조건부 기도를 했다.

"하나님 당신이 정말로 존재한다면 절 좀 낫게 해 주십시오. 그러면 당신을 믿겠습니다."

어쨌거나 나는 지금 다리가 나아서 두 발로 걷고 있다. 그런데도 교회에 나가지 않고 있으니 다시 벌을 받지 않을까 걱정도 된다. 언제 어디서든 설교 잘하시는 목사님을 만나 설득력에 굴복하고 스스로 교회로 걸어 들어가고 싶다. 그래서 그분과의 약속을 반드시 지키고 싶다.

소찬을 준비하며

◇◇◇

어제 친구 딸 결혼식에 참석했다. 코로나19로 몸 사리며 살고 있는데 여긴 꼭 참석해야 하는 자리였다. 서울 한복판의 호텔에 들어서면서부터 양주 촌부는 주눅이 들었다. 전염병 때문인지 입장 절차도 까다롭고 복잡했다.

결혼식이 진행되는 순간 우리 친구들은 진심으로 신랑 신부의 앞날을 축복했다. 인물도 준수한 신랑은 모 방송국 피디라고 했다. 친구가 인사차 들러 잠깐 자리에 앉았다. 딸내미는 은평구에서 새로 분양받은 아파트에 신혼 살림을 차렸다고 한다. 6억에 분양받아 입주하는 동안에 12억으로 치솟았다는 말에 나는 경악을 금치 못했다.

양주에는 1~2억 아파트가 대부분이고 신규 아파트 분양가는 중형이 3~4억 정도였다. 그걸 오르는 기미가 보인다고 묶어 놓는 정부의 부동산 정책에 자꾸만 쓴웃음이 났다.

이렇게 서울과 지방의 집값 차이를 벌려 놓는 이유가 대체 뭘까. 수도권이라고 무작위로 묶는 탁상 정책의 모순이라고 본다.

2기 신도시로 지정을 해 놓고 지지부진 마무리도 안 해 놓고 왜 다시 3기 4기 신도시를 지정한 걸까. 미분양 물건 소화할 의지는 없고 자꾸 서울 아파트 공급에만 몰두한다.

서울로, 강남으로 몰리는 이유를 알겠다.

 헐값인데도 미분양만 수북하게 쌓이는 소도시의 소시민은 서글프다. 국민들이 고루 잘사는 정책을 펴는 게 정치가 아닌가 한다.

 자리에 일어서니 여기저기서 식탁에 장식한 꽃을 빼고 있다. 나도 백장미와 수선화 몇 송이 뽑아 들고나오니 직원들이 꽃 포장을 해 주고 있다. 줄을 서서 보기 좋게 포장한 꽃다발을 가져와 화병에 꽂으니 집 안이 향기로 차오른다.

 오늘 저녁 호박잎 몇 장에 근대 몇 잎을 따 찬거리를 마련했다. 송충이는 솔잎을 먹어야 산다고 나는 유유자적 이런 생활에 불만 없이 살고 있다. 괜히 서울 아파트값은 알아 가지고 잠시나마 고요한 호수에 파문이 일었다니 씁쓸하다.

재물보다 귀한 것

◇◇◇

서울의 여동생에게서 일산 사촌 동생네 집에 어머니가 숙모님과 함께 와 계시다는 전화를 받았다. 다음 날이 마침 주말이라 우리 부부는 부족한 수면으로 인하여 부스스한 몰골로 아침부터 서둘렀다.

몇 년 만에 가 본 일산은 신도시 개발로 몰라보게 변해 있었다. 자전거를 타고 마중 나온 사촌 동생을 따라 탁 트인 들길로 들어섰다. 여기저기 비닐하우스가 눈에 띄고 이따금 널찍하게 들어선 주택들의 담장을 타고 화려한 5월의 덩굴장미가 흐드러지게 피고 있었다. 이윽고 커다란 저택 앞에 자전거를 세운 동생을 따라 집 안으로 들어갔다.

우리 부부는 놀라서 연신 탄성을 질렀다. 소시민으로 살아온 우리 부부는 두 눈이 휘둥그레질 만큼 호화저택이었다.

세월의 무게는 누구도 어쩌지 못해서 어머니도 숙모도 많이 늙으셨다. 이런저런 얘기를 하며 상추를 속아 겉절이도 해서 점심 식사를 마쳤다. 사촌 동생은 미안한 듯 머뭇거리며 남의 집 열무 뽑는 일을 간다고 했다. 제부가 하루 쉬라고 하자 때를 넘기면 상품 가치가 없어져 안 된다고 자기 일처럼 적극적인 동생의 마음 씀씀이가 넓고 깊다. 더구나 품앗이가 아닌가?

"형부 일찍 와서 저녁 지을 테니 드시고 가세요."

우리는 걱정하지 말고 다녀오라고 했다. 빙 둘러앉아 시간 가는 줄 모르고 먹고 마시고 놀다가 해가 설핏 기울자 어머니와 숙모가 배추를 솎는다고 일어나셨다. 우리도 거들기로 했다.

헌 옷과 모자를 얻어 쓰고 배추밭으로 향하는데 남편이 큰 일꾼이나 된 것처럼 "자네는 술이나 받아 오시게." 해서 한바탕 폭소가 터졌다. 제부가 정말 술을 받아 오겠다고 나섰으나 아무도 말리지는 않았다. 어느새 제부가 밭두렁에 막걸리며 열무김치와 아이스크림 등을 펼쳐 놓는다. 단숨에 막걸리 한 잔을 들이켠 남편이 말했다.

"품값을 정하지 않아서 영 찜찜한데?"

"기술을 배워 취직하려면 학원도 다녀야 하니까 우리가 실습비를 받아야겠습니다."

제부도 질세라 일침을 가한다. 하하하 호호호 들판이 떠나가라 웃고 떠들었다.

땅이 몇 평이냐고 묻자 이천 평이라고 답한다. 대충 시가로 환산해 본 우리는 엄청난 숫자에 실감이 나질 않는다. 평범한 샐러리맨으로 겨우 집 한 채 장만해 살고 있는 우리가 부러운 것은 단순히 땅값이 올라 벼락부자가 되었다는 사실만은 아니다. 거드름이나 피우는 졸부들의 티를 전혀 내지 않는 사촌 동생 부부의 건실한 자세가 더 놀랍고 대견한 것이다.

  나 같으면 어땠을까? 땅 한 귀퉁이 잘라 팔아서 편하게 살고자 하지 않았을까?

  몇 년 전, 큰 수해로 가옥이 침수된 탓에 집만 새로 지었을 뿐 그대로 열무 농사를 짓고 있는 부부의 땀방울이 영롱한 보석보다 더 빛이 났다. 재물이란 살아가면서 꼭 필요하지만 넘치면 마약 같은 존재라는 게 평소 나의 지론이다. 여기저기서 뻗어 오는 유혹의 마수에 걸리지 않고 자신의 자리를 굳건하게 지켜 내는 그들의 건강한 자세를 우러러보는 것이다. 흙 묻은 손으로 이마의 땀방울을 훔치며 허리를 펴는데 저만치서 동생이 저녁밥을 지어 놓고 웃는 얼굴로 우리를 부르고 있다. 참으로 오랜만에 들일하고 먹는 밥이 꿀처럼 달다.

  솎아 낸 어린 배추를 욕심껏 자루에 담아 자동차에 실었다. 아울러 상추와 열무 등 푸짐한 선물을 한 아름 안고 정다운 얼굴들의 배웅을 받으며 돌아오는 길이 새털처럼 가벼웠다.

잘코사니

◇◇◇

'부리망'이란 소가 일하러 나갈 때 밭에 있는 곡식을 뜯어먹지 말라고 입에 씌우는 그물망이다.

가혹하다 싶을 만큼 사람들은 소를 부려 먹었다. '소가 머슴이다' 하고 그 인건비를 계산한다면 아마 천문학적 숫자가 될 것이다. 말 못 하는 짐승이라고 대가도 지불하지 않고 평생을 부려 먹었으니 참 가혹했다. 어디 그뿐이랴. 새끼 낳으면 팔아먹고, 늙어 죽으면 고기까지 참 알뜰하게도 챙겨 먹으니 잔인하다고 하겠다.

사람에게도 부리망(허거리)을 채워서는 안 될 경우가 있다. 옛날 '주 여왕'(주나라 10대 왕)은 자신을 비방하는 사람들을 감시하게 했다. 하여, 걸리는 즉시 속속 처형해 버렸더니 감히 바른말을 아뢰는 사람이 없어져 편해졌다고 말했다. 소공이 "그것은 백성들의 입을 막았기 때문입니다. 백성들의 입을 막는 것은 흘러가는 물을 막는 것보다 어렵습니다. 물난리를 피하려면 물길을 터 주어야 하듯이 사람을 다스리는 일에도 언로를 열어 주어야 합니다. 왕과 제후의 친인척들이 저지르는 잘못은 공개적으로 비판받아야 고쳐질 수가 있습니다."라고 말했다. 공직에 있거나 나라를 다스리겠다고 제왕처럼 군림하는 군주는 새겨들어야 비참한 최후를 피해 가지 않겠는가.

　지금 우리가 사는 세상은 코로나19로 말미암아 이 부리망(마스크)을 몇 달째 쓰고 다닌다.

　아니 소의 그것은 그물이니 숨쉬기는 좋다. 그러나 사람의 것은 부직포라서 숨이 탁탁 막히니 죽을 지경이다. 앞으로도 찜통더위에 그걸 쓰고 다니려니 앞이 캄캄하다. 기관지가 좋지 못한 나는 숨 막혀 죽으나 전염병 걸려 죽으나 마찬가지란 생각에 전철에서 내려 출입구만 나오면 얼른 마스크를 벗어 버리게 된다. 이젠 되도록 외출은 삼가고 이 여름을 견뎌 낼 생각이다. 만약 예전의 소들에게 영혼이 있어 지금 사람 사는 세상을 보고 있다면 뭐라고 할까? 모질게도 부려 먹더니 자업자득이라고 "그것 참 잘코사니**다!" 하지 않을까?

** [명사] 미운 사람이 당한 불행한 일이 고소하게 여겨짐.

등단 장사

◇◇◇

 등단(登壇)이란 어떤 사회적 분야에 처음으로 등장한다는 뜻이다. 주로 문단(文壇)이나 화단(畵壇) 따위에 입문하는 것을 이른다. 요즘은 일본에서 건너왔다는 등단이라는 말은 잘 쓰지 않는 경향이 있다. 어떤 분야에 새로 등장하는 사람에게 축하해 주는 의미를 일컫는 신인상이라고 하는 게 맞겠다. 모름지기 상이라는 것은 받는 것이다.

 문학 분야 공모전은 소정의 상금이 걸려 있는 경우가 통상적이다. 공모전에 투고해서 엄격한 심사를 거쳐 당선되었다면 믿을 만한 곳에서 실력도 인정받은 셈이다. 이런 문예지는 일 년에 상반기 하반기로 나눠 딱 2명 정도만 신인상을 준다.

 문학 지망생들이 해마다 신춘문예로 몰리는 이유도 별반 다르지 않다. 제대로 된 신인상을 받고 제대로 문단 생활을 하겠다는 의지인 것이다.

 상금도 꽤 짭짤한 액수다. 매스컴을 타고 축하를 받고 습작 시절 함께 고생한 문우들에게 한턱내기도 한다. 그러나 등단을 미끼로 아직 글이 안 되는 지망생을 끌어다 책을 몇 권 사면 등단을 시켜 주겠다고 책값을 요구하는 삼류가 판치는 곳이 많다. 이런 문예 잡지는 신인상을 부지기수로 남발한다. 심지어 거간꾼이 끼어들어 등단할 사람을 끌어다 주면 책값에서 얼마 떼어 내 사례하는 문예지도 있다는 풍문이다.

고매(?)한 문예지에서 이 얼마나 기막힌 현실인가. 남몰래 죄인처럼 돈 내고 등단이랍시고 자아도취에 빠져든다. 그러나 약발은 오래 가지 못한다. 눈치 빠른 사람이라면 얼른 알아차리고 자신이 얼마나 부끄러운 길을 걸었는지 등단한 문예지를 숨기게 된다. 그런 문예지에서 등단을 돈으로 샀다는 오명을 쓰고 일말의 양심이란 게 있으니 떳떳하지 못한 것이다. 하여 문학 수업을 다시 받아 재등단을 시도한다. 다행히 뜻을 이루기도 하고 더러는 절필하기도 한다. 그러나 끝까지 함량 미달의 글을 쓰면서도 당당하게 명함을 내미는 강심장도 여전히 존재한다.

문단에서 회자되는 말이 있다. 국어도 제대로 습득하지 못해 문장 한 줄도 건질 수 없는 책을 자꾸 내미니 책 줄까 봐 무섭다는 말이 돌아다니고 있다. 돈만 주면 공장에서 책은 얼마든지 찍어 내니 코미디도 이런 코미디가 없다. 원고 청탁 한번 제대로 받지 못하니 평생 고료 한번 받아 보지 못한다. 툭하면 이 회비 저 회비에 책은 계속 구독해야 글이라도 실어 준다.

그들만의 리그가 형성되고 자기들끼리 시인님, 선생님, 작가님이라고 불러 주며 위안을 받는 것이다.

실력이 안 되면 그냥 취미 생활이다 생각하고 글벗들과 동인 활동이나 하면서 책도 묶고 가볍게 즐기면 된다. 그렇게 해서 원고가 쌓이면 자기 책을 내는 것도 자연스럽게 문단에 합류하는 방법이다. 반드시 등단 절차를 거쳐야 글을 쓸 수 있다는 법이 존재하는 것도 아니다. 어렵게 번 돈 등단 장사 배 불리지 말고 달콤한 등단 미끼에 현혹되지 말기를 바란다.

숙희

◇◇◇

 숙희는 친구처럼 지내는 사촌 동생이다. 남자처럼 시원한 성격에 열려 있는 사고를 지닌 숙희는 나눌 줄도 알고 경우도 반듯한 사람이다.

 나는 이십 대 후반에 둘째 아이를 낳고 산후풍으로 한쪽 무릎을 제대로 쓸 수가 없었다. 연년생으로 태어난 두 아이를 건사하기도 쉽지 않았다. 쪼그려 앉아 기저귀를 빨아야 했고 화장실도 좌식이었으니 생활하기가 여간 고통스러운 게 아니었다. 무릎이 부어서 굽힐 수가 없었던 것이다.
 결혼하고 잠깐 인천에서 숙희와 이웃으로 살 때였는데 숙희는 가끔 들러서 교복 차림으로 수돗가에 쪼그리고 앉아 잔뜩 쌓아 놓은 아이의 기저귀를 빨아 주곤 했다. 여고생으로 한창 예민할 시기에 사촌 언니 아이의 똥 기저귀를 빨다니 어디 그게 쉬운 일인가?
 숙희가 인천을 떠나면서 헤어졌는데 서로 사는 게 바빠 연락도 없이 훌쩍 세월만 흘렀다. 속절없이 나이를 먹고 머리가 희끗희끗 서리를 맞은 후에야 자식들 결혼으로 인해 다시 만나기 시작했다. 숙희와는 소통이 잘되었다. 소위 코드가 맞는다고 할까? 내가 언니 노릇을 잘해야 하는데 오히려 신세를 지고 산다.

"언니, 우리 집에서 하루 주무세요."

극구 청하는 바람에 숙희네 집으로 향했다. 제법 넓은 평수의 고급 아파트에 집기들도 묵직한 위용을 자랑한다. 나는 잘사는 집의 잘 정돈된 집 안에 들어서면 주눅이 들고 불편하다. 소시민으로 평생을 살아온 나는, 먹고 입고 사는 주거가 작고 소박한 게 마음 편해서 좋다.

남매를 다 키워 짝지어 내보내고 남편과 단둘이 사는 숙희는 내 기준으로 보면 분명 차고 넘치게 살고 있었다.

방 하나를 통째로 차지하고 누웠는데 호텔 못지않게 호화스러운 잠자리가 사뭇 불편했다. 잠옷으로 내준 새 옷 한 벌도 며느리가 사 줬는데 작아서 못 입는다고 맞으면 갖고 가라고 한다.

숙희는 인터넷에서 차표를 예매해 주고 신탄역까지 배웅해 주었다. 작별 인사를 하고 돌아서는데 십만 원짜리 수표 한 장을 재빠르게 주머니에 찔러 주고 돌아선다.

남편은 백화점에 과일을 납품하는 사업을 한다는데 올해는 날씨가 좋아서 짭짤한 수입을 올렸다고 한다. 하여 생일에 고급 자동차를 선물 받았다고 한다.

작은아버지가 일찍 돌아가시는 바람에 고생하면서 자랐는데 사촌들이 모두 성공해서 윤택한 삶을 꾸리고 있다. 참 감사한 일이다.

그래, 숙희야. 늘 신세 지는 것 같아 마음이 무겁고 불편했는데 이젠 생각을 바꿀게. 잘사는 동생의 배려라고 생각하며 미안해하지 않을게.

늘 건강하고 화목한 가정에서 오래도록 행복하길 바란다.

제3부

장미와 자동차
거리의 주정뱅이
왜 그때 그걸 봤을까
황혼의 고추밭
혼수 이불
기당폭포(妓堂瀑布) 가는 길
산은 사람을, 사람은 산을 품는다

불곡산의 심장에 새기다
운주계곡의 1박 2일 스케치
봄날에 그린 삽화
외나무다리
목련의 노래
착각
바이블과 스카프

장미와 자동차

◇◇◇

 바야흐로 장미의 계절이라 눈길 닿는 곳마다 장미가 흐드러졌다.
 장미를 싫어하는 사람도 있을까? 만일 있다면 과연 몇 명이나 될까? 꽃 중의 꽃은 장미가 아닐까 감히 나는 호언장담했었다.
 학창 시절 왕손인 이석이라는 가수가 불러 공전의 히트 친 노래가 있었다. 그땐 서민들이 장미꽃 넝쿨 우거진 집을 짓고 산다는 건 그야말로 아득한 꿈의 궁전이었다. 당장 의식주 문제 해결에 급급한 사람들에게 장미꽃 넝쿨 우거진 그런 집을 지으라니 배부른 소리로 들리던 때였다.
 그런데 지금은 장미가 지천이다. 누구나 맘만 먹으면 어렵지 않게 장미꽃 넝쿨 우거진 집에서 살 수 있게 된 것이다. 이룰 수 없는 꿈은 절대 아니라는 말씀이다.
 1970년대 후반, 결혼해서 『대한민국 경제발전 20년 계획』인가 하는 책을 읽었다. 그때만 해도 끼니를 걱정하는 사람들과 해외 입양아가 많았던 시절이다.
 그 책을 접한 나는 설마 그게 가당키나 한가 의문을 가졌다. 집집마다 지게나 자전거가 한 대 두 대 있듯 자동차를 갖게 된다는 꿈같은 국가 발전 프로젝트(project)였다. 그런데 막상 우리가 자동차를 소유하게 되고 그게 현실로 나타나기 시작하니 놀라움을 금치 못했다. 이제 어디서나 자동차가 즐비한 세상이 되었다. 자동차가 서 있을 곳이 마땅치 않아 날마다 골목마다 주차 전쟁으로 시끄럽다.

이렇게 세상이 변했으니 요즘엔 오히려 자동차 없는 사람이 신선해 보이는 것이다. 검소하고 제 분수를 알고 매연으로 복잡한 세상에 일조(?)하는 애국자로 보이는 것이다.

나이가 들어 가면서 풀꽃을 눈여겨보게 되게 되었다. 애써 가꾸지 않아도 잡초처럼 태어나 피고 지는 꾸밈없는 자태가 오히려 아름답다.

떠들썩하게 피는 장미는 지금의 내 잣대로라면 더 이상 꽃 중의 꽃은 아닌 것이다. 마찬가지로 자동차도 부의 상징이던 시대는 흘러갔다. 물론 웬만한 아파트 버금가는 몸값을 자랑하는 자동차도 심심찮게 굴러다니는 세상이지만 말이다.

한적한 길을 걷노라면 씀바귀도 망초도 고요히 몸과 마음을 다스려 은은한 꽃을 피워 올린다. 오늘도 그들은 내 발길을 붙잡고 사진을 찍어 달라고 조른다. 나는 거절하지 못하고 사진을 찍고 또 찍어 오늘도 내 휴대폰은 과부하가 걸리고 만다.

거리의 주정뱅이

◇◇◇

 오늘도 그녀는 떼쓰는 어린아이처럼 두 다리를 뻗고 통곡하듯 엄마를 목 놓아 부르고 있었다. 아무도 귀 기울여 듣는 이는 없다. 사람들은 늘 그러려니 익숙한 듯 무심히 갈 길을 가고 있다.
 빈 소주병 두 개와 종이컵 한 개가 허름한 옷차림의 그녀 곁에서 나뒹구는 모습이 전혀 낯설지 않아 보였다.

 '엄마'라는 단어는 빈부를 가리지 않을뿐더러 귀천 없이 사용하는 세계 만인의 존귀한 공통어다. 누구나 동등하게 어머니는 단 한 분뿐이며 어머니라고 부를 수 있는 자격도 똑같다.
 이 부분만은 누가 뭐래도 공평하게 향유할 수 있도록 한 신의 한 수가 아닐까 한다. 어렵고 힘들 때, 아플 때나 서러울 때 우리는 어머니를 부른다.
 머리에 서리가 수북하게 내려앉은 이 노파도 지금 절박한 심정으로 엄마를 부르고 있는 것이다.
 덕정역 앞 농협 건물을 중심에 두고 그 주변에서 70대 후반으로 보이는 이 노파의 흐트러진 모습을 종종 목격했다. 늘 술병을 들고 취해서 소리를 고래고래 질렀다. 때로는 흘러간 유행가를 흥얼거리거나 지나가는 행인을 향해 욕설을 퍼붓는다. 혹시 무슨 봉변을 당할세라 모두 그를 피해 멀리 돌아다니는 불편을 감수해야 했다.

왜 저렇게 됐을까? 젊어서 어떻게 살아왔기에 노년의 자리가 저리 추악할까?

절대로 저리 되지는 말아야겠다고 오만방자하게도 나는 저 노파를 보면서 다짐에 다짐을 거듭 다졌었다. 그러나 오늘 엄마를 목 놓아 부르는 노파의 처량한 울음소리를 들었다. 순간 콘크리트 벽으로 견고하게 쌓아 올린 고정 관념을 미련 없이 부숴 버리고 말았다. 저렇게 손가락질받으며 살고 싶은 사람이 세상천지 어디 있을까?

나는 그녀를 이해하는 쪽으로 방향을 틀었다. 어렵겠지만 기회가 된다면 손 한번 내밀어 보리라. 함께 소주 한잔 주고받으며 그녀의 기막힌 가슴 속내를 들어 주고 싶다. 같이 공감하고 어드바이스할 부분이 있다면 기꺼이 그리 하리라. 저 여자도 저렇게 될 수밖에 없도록 어떤 거역할 수 없는 운명의 덫에 갇혀 버린 건 아닐까 하는 측은지심으로 내 마음은 복잡하다.

왜 그때 그걸 봤을까

◇◇◇

한 살 아래 먼 친척 되는 동생이 있다. 지금은 어디서 뭘 하고 사는지 소식도 두절되었다. 친정 가면 들을 수 있었던 마을 사람들의 안부를 세종시가 들어서고 뿔뿔이 실향민이 되니 것도 어려운 일이 되고 말았다.

국민학교에 들어가기 전이다. 그 애가 무슨 큰 사건을 터트린답시고 우리들을 불러 모아 호들갑을 떨었다.

"나 큰집 아점니 ○○ 봤다."

"언제 어디서?"

그땐 광목 같은 걸로 빤쓰(팬티)를 크게 만들어 입어서 다리를 벌리고 앉으면 허벅지 틈으로 안이 훤히 들여다보이기도 했다.

우리 당숙 집에 '의열'이라는 머슴이 있었다. 당숙모가 장터에서 울고 돌아다니는 남자아이를 데려다 키웠다고 한다. 기억이 가물거리긴 하지만 다부진 체격에 작달막한 키가 인상적이었다.

당시 우리 마을에는 집집마다 건조장을 짓고 담배 농사를 지었다. 누렇게 익은 담뱃잎을 따면 줄기에서 하얀 진이 흘러나왔다. 여름날 일꾼들이 담뱃잎을 따 지게로 져 날라서 나무 그늘에 앉아 그걸 굴비 두름처럼 엮었다. 그때 의열이 아저씨의 나이가 스물은 넘었을 듯하다. 통 넓은 삼배 반바지를 입고 다리를 쩍 벌린 채 담배를 엮고 있었다. 난 무심코 허벅지 바짓가랑이 사이로 그만 못 볼 것을 보고 말았다. 후로 의열이 아저씨만 보면 그 생각이 나서 외면한 채 피해 다녔던 기억이 선명하다.

어른의 그것은 시골 어린 소녀의 뇌리에 각인되어 오래도록 끈적거렸다.

시골의 변소(화장실)는 그냥 대충 가리고 배설이나 하게 되어 있었던 장소였다.

큰댁 할아버지가 쓰시던 사랑채 변소는 담장에 붙여 지어서 반원을 돌면 입구가 있다. 굳이 문이 없어도 보이질 않으니 누가 들어간다는 기척을 내면 안에서 누가 있다고 답 기척을 내는 게 변소 출입의 질서고 예의인 셈이다.

나는 그걸 몰랐다. 여섯 살짜리가 나비처럼 팔랑거리며 사뿐사뿐 들어가니 기척이 날 리 만무다. 큰할아버지께서 옛날 변소에 앉아 있는 장면을 그만 정면에서 목격하고 말았다. 큰할아버지도 무방비 상태로 어린 손녀에게 봉변(?)을 당하신 셈이다. 그 후 앉으나 서나 먹을 때나 잘 때나 그 장면이 눈앞에 아른거렸다. 어쩌면 그 일은 불문율처럼 발설할 수 없는 비밀이 되어 버렸다.

내 결혼식 가족사진에 자리 잡고 계신 큰할아버지도 오래

전 돌아가셨다. 의열이 아저씨도 70년대 산업화의 물결을 타고 홀연히 서울로 떠났다는 소식을 접했다. 지금 살아 있다면 아마 80대의 할아버지가 되어 계실 게다.

그때 우리는 속살을 꽁꽁 감추며 살던 시대였다.

중학교에 들어갈 무렵 브래지어를 입어야 한다고 이웃 언니가 사 주었다. 그걸 누가 볼세라 몰래 빨아 옷걸이에 걸고 겉옷을 입혀 말렸다. TV에서 생리대 광고가 나오면 얼굴을 들 수가 없던 수줍은 시절이었다. 그랬는데 그보다 더 어릴 적 내가 본의 아니게 그 물건(?)을 본 죄로 오랫동안 머리가 복잡했었다. 이제라도 훌훌 다 털어 버리고 가벼워지고 싶다.

황혼의 고추밭

◇◇◇

귀농한 초로의 남자 동기가 벌써 끝물 고추밭을 개방한단다. 붉은 고추는 제 것이니 손대지 말고 풋고추와 고춧잎만 따 가라는 공지가 떴다. 옳다구나 웬 횡재냐고 냉큼 손을 들었다.

고춧잎무침이나 애고추찜을 좋아하는 나는 친구들을 규합해서 연천으로 향했다. 티끌 한 점 없이 맑은 하늘은 한 폭의 그림이었다.

늙으면 양기가 입으로 올라온다고 했던가? 나이도 잊은 채 단발머리 소녀 시절로 돌아가 차 안이 떠나가도록 유쾌한 수다는 끝을 모르고 이어졌다.

나이 지긋한 밭 주인 사내가 시범을 보이겠다고 집중과 주목을 요구한다.

"지지대에 묶여 뒤엉킨 고춧대를 사정없이 쫙쫙 찢어 벌려라. 그 속에 너희가 원하는 연한 잎과 고추가 숨어 있다."

육군 대령으로 예편한 이 친구는 교관처럼 딱 버티고 서서 진지한 어조로 일장 브리핑에 열을 올린다. 도대체 우리가 애고추 좋아하는 걸 어떻게 알았을까? 다섯 명의 늙은 소녀들은 참았던 웃음보가 터지고 말았다.

"낄낄낄. 하하하. 호호호."

그게 과부가 된 여자 친구 앞에서 거친 삽질로 입에 퍼 담을 만큼 가당키나 한 소리냐고 늙은 소녀들은 키들거렸다.

이제 한물간 늙은 소녀들은 바싹 약 오른 매운 고추가 허벌나게 겁나고 부담스럽다. 하여 야들야들한 어린 고추나잎을 자루가 미어지게 훑어 담으며 고추밭을 거뜬히 거덜 낼 기세다.

욕심껏 거두어 온 고춧잎 자루를 쏟아 놓고 다듬는다. 연한 순만 잘라서 부드럽다. 이 여사에게 전화를 했다.

"퇴근길에 고춧잎 무쳐 막걸리 한잔하십시다."

"알았어."

냄비에 물을 끓여 고춧잎을 데치고 찰보리쌀을 섞어 밥도 안쳤다. 파와 마늘을 다지고 썰어 쌈장과 고추장을 넣는다. 마지막 순서로 깨소금과 참기름을 넣어 고루 무치고 한 젓가락 입에 넣으니 꿀맛이다.

마당 탁자에 세팅을 한다. 쌈장에 고추 몇 개 씻어 놓고 고춧잎무침을 푸짐하게 접시에 올렸다. 큰 대접에 고슬고슬하게 지은 밥도 담고 동동주 잔도 두 개 준비했다.

이 여사와 나는 허겁지겁 마파람에 게 눈 감추듯 후딱 접시를 비웠다.

"고춧잎 맛있네. 이게 여자에게 좋대요."

"또 따러 갈까? 풋고추도 주렁주렁 달린 걸 곧 고춧대를 뽑는다니 아까워라."

우린 의기투합해서 고춧잎 예찬론자가 되어 있었다.

경상도 깊은 산골에 의좋은 두 형제가 살았다. 어느 날 트럭을 가진 시숙과 판매 수완이 좋은 제수씨가 트럭에 고추를 잔뜩 싣고 오일장에 갔다. 파장 무렵 제수의 고추는 다 팔렸는데 시숙 고추는 그대로 남아 있었다. 날은 저물고 걱정이 된 제수가 시숙의 고추를 팔기 위해 소매를 걷어붙였다.

"보이소. 우리 시숙 고추 사이소. 고추는 크고 좋아예. 우리 시숙 고추는 달고 살도 많고 맛있어예."

그래도 반응이 없자 다급해진 제수가 냅다 고함을 질렀다.

"이 보소. 멀뚱이 쳐다보지만 말고 가까이 오소. 만져도 보고 맛도 좀 보소. 단단하고 달아예."

그러자 구름같이 몰려든 아지매들이 북새통을 이루고 시숙의 고추는 금세 동이 났다나 뭐라나.

이 여사의 우스갯소리에 한바탕 배꼽을 잡았다.

이 여사가 한 줌만 달라는 걸 한 자루 담아 주며 기름값만 원만 내라고 일렀다.

그날 밤 배가 부글부글 끓다가 사르르 아팠다. 밤새 화장실을 들락거렸다. 아무래도 고춧잎을 너무 먹어 뱃속이 전쟁을 일으킨 듯했다. 다음 날 이 여사에게 물었다.

"여보세요. 괜찮아요? 나는 배가 살살 아픈데."

"말도 마. 화장실 들락대느라 잠도 못 자고 죽을 지경이라오."

이런 변이 있나. 과유불급(過猶不及)이라더니 고춧잎이 맛나다고 과식하는 바람에 배탈이 났나 보다. 그 후 고춧잎 욕심을 미련 없이 내다 버렸다. 혹시 먹고 싶으면 한 줌 사서 먹기로 작정한 것이다.

혼수 이불

◇◇◇

지금은 입는 것도 덮는 것도 계절 따라 다양한 기능을 가진 상품들이 쏟아져 나온다. 가격도 천차만별이라 기호에 맞는 제품을 선택하면 된다.

유행의 첨단을 걷는 이런 시대에도 나는 묵직한 목화솜을 넣은 이불을 끌고 이사를 다녔다.

할머니께서 목화 나뭇가지를 들고 하나하나 새털구름 같은 하얀 송이를 떼어 내시던 모습이 선하다.

내가 결혼할 날을 앞두고 어머니는 마을에서 덕망 있는 아주머니 몇 분을 모시고 이불을 만드셨다. 속설이지만 그래야 그분들처럼 순탄한 결혼생활을 할 수 있다는 믿음 때문에 아무에게나 맡길 수 없었던 것이다.

친정어머니라면 누구나 혼인을 앞둔 딸의 앞날이 조심스럽지 않았겠는가.

어머니는 아들만 넷을 낳고 나를 낳으셨다. 할아버지 삼형제 중 첫 손녀로 태어난 나를 서로 안아 보겠다고 다투셨다는 어머니의 전언이다. 이런 나는 오랫동안 양념딸이란 애칭으로 불리는 영광(?)을 누리기도 했다. 내 위로 태어난 오빠 넷 중 중간의 형제가 홍역을 앓다 죽었다고 했다.

어머니 말씀에 의하면 네 살짜리 오빠를 묻고 오니 두 살짜리가 다시 펄펄 끓는 고열에 시달리다 다음 날 숨을 거두었다고 했다.

밥을 푸다가도 아궁이에 불을 때다가도 불현듯 참을 수 없는 그리움 때문에 미친년처럼 묻힌 곳으로 달려가 울부짖으니 아버지는 이러다가 사람 버리겠다고 외가로 모시고 갔다.

외할머니의 보살핌으로 마음을 추스르고 다시 돌아오신 어머니는 내게도 종종 그 얘기를 들려주셨다.

"생때같은 자식을 하루건너 둘이나 갖다 묻고도 살았으니 내가 독한 년이지."

어머니는 독백처럼 그 말씀을 하고 또 하셨다. 그렇게 얼굴도 모르는 두 오빠가 떠나고 내 밑으로 남동생 둘이 다시 태어나 가운데 홍일점으로 자리보전을 했다. 양념딸이란 호칭이 무색하지 않게 견고했다.

내 위 오빠와는 네 살 차이다. 오빠가 팔을 다쳐 붕대를 감고도 나를 업고 길을 나섰다. 어린 나이의 오빠도 힘들었는지 조금만 걷자고 내려놓으면 한 발자국도 내딛지 않고 그 자리에 그대로 서 있더라고 어머니가 말씀하셨다.

나는 기억에 없는 이야기였다.

"나도 팔 아퍼 죽겠어, 이년아."

작은 오빠가 이렇게 힐난조로 말하는 걸 들으신 어머니도 곧잘 오빠의 말투를 흉내 내며 웃으셨다. 유난히 잔병치레가 심했던 나였다. 홍역 때 열사흘 동안 그 귀하디귀한 사과만 먹으며 목숨을 이어 갔다는 일화는 두고두고 마을에 회자되었다.

우리 어머니는 틈만 나면 어린 나를 어머니 무릎을 베고 눕게 하셨다. 머릿니를 잡는다고 툭하면 그 자세를 요구하셨다. 밖에 나가서 동무들과 뛰놀고 싶어 안달 난 나를 붙잡아 놓고 이런저런 얘기를 하셨다.

내 눈 밝을 때라 이런 거라도 해 줄 수 있다는 둥, 열아홉 살만 되면 시집을 보내겠다는 말씀을 하셨다. 내 귀에 들어올 리가 만무한 먼 얘기들뿐이었다. 서른하나에 나를 낳으셨으니 나이 차이가 있어 그런지도 모른다. 그 시절 어머니의 잣대로 열아홉이 가장 예쁠 때라고 생각하신 모양이다.

그 후 정말로 옷감 장수가 마을에 들어오자 어머니는 이불감을 끊어 장롱 속 깊이 넣어 놓으셨다. 늘 '내 손끝으로 이불 한 채라도 재대로 해 줘야지'라는 말씀을 입버릇처럼 하셨던 어머니다. 지금 기억으로 그 천이 '다후다'라고 하셨던가? 가물가물하다. 암튼 나는 어머니 소원대로 목화솜을 넣은 이불을 혼수로 장만할 수 있었다.

20대 후반에 4살 연상의 안동 產 남자에게 시집을 왔다. 답십리 남의 단칸방살이 때 혼수로 따라온 솜이불은 겨울

시린 밤을 따뜻하게 해 주었다. 달콤한 신혼인데도 사소한 일로 티격태격하다가 나중에는 유치한 싸움으로 번졌다.

　내가 해 온 이불이니 덮지 말라고, 티브이도 보지 말라 했다. 남편은 제집에서 부쳐 온 쌀이니 밥을 먹지 말라고 했다. 서로 소유권을 다투다가 긴 겨울밤을 밝히기도 했다. 지금 생각하면 코미디를 보는 것 같아 웃음이 난다.

　애들이 태어나서 요에 오줌도 싸 속싸개가 얼룩이 졌다. 어머니 살아 계실 때 솜틀집을 수소문해서 솜을 타 다시 수선하니 가볍고 따뜻하다. 그 후 아파트 생활을 하면서 처박아 뒀는데 주변에서 경로당에 주면 잘 쓰일 거라고 꼬드겼다. 그러나 나는 마음이 움직이지 않아 그냥 간직했다. 친정할머니와 어머니, 마을 아주머니들의 정성과 축복이 깃든 이불은 소중한 추억의 유산이었기 때문이다. 그 후 10여 년 전 단독으로 이사를 했다. 옛날 집이라 난방을 위해 보일러를 많이 틀어도 외풍이 세고 춥다. 그런데 혼수로 가져온 구닥다리 목화솜 이불은 얼마나 보온이 뛰어난지 물 샐 틈 없이 찬 공기를 완벽하게 차단했다.

　하루의 삶에 시달려 노곤한 몸을 이불 속에 묻으면 달콤한 숙면에 빠져들었다. 은연중 든든한 목화솜 이불을 믿고 난방에 취약한 이곳으로 이사할 용기가 났던 것일까. 어머니가 정성으로 해 주신 걸 버릴 수 없어 끌고 다녔더니 이런 효자가 따로 없다.

기당폭포(妓堂瀑布) 가는 길

◇◇◇

고온다습한 장마철 날씨는 매우 후덥지근하고 불쾌했다. 유난히 더위를 타는 나는, 선풍기 앞에 붙박이처럼 앉아 있거나 에어컨을 끼고 산다. 그 후유증으로 늘 두통에 시달리기 일쑤다. 지구 온난화의 영향 때문인지 해마다 여름을 견디기가 점점 더 고통스럽고 힘들어지는 것이다.

냉장고에서 시원한 맥주 한 캔을 꺼내 들이켰다. 그때 양주 문화해설사로 일하는 지인에게서 점심을 함께하자는 전갈이 왔다.

양주 향교로 오르는 길 아래 작은 실개천이 흐르고 있다. 이번 장맛비로 제법 불어난 물은 마치 잘 정제된 소주처럼 맑고 투명하게 빛난다. 갑자기 늙은 소나무 위에서 매미들이 그악스럽게 목청을 뽑아내고, 물 만난 물고기들이 물살을 가르며 유영하는 모습이 평화롭다.

양주는 수많은 문화유산의 보고(寶庫)다.

빛을 보지 못하고 있거나 잘못된 걸 바로잡기 위하여 이 분야의 학자들이 투입되었다. 이 찜통 같은 더위에도 아랑곳하지 않고 비지땀을 흘리며 열정을 쏟고 있었다. 하여, 이곳저곳에서 발굴과 복원과 복구로 공사 중이다. 이곳저곳

파헤쳐진 흙더미로 어수선하다.

  지인을 만나 근처 식당에서 담소를 즐기며 점심식사를 하고 나서는데 금방이라도 소나기가 쏟아질 듯 먹구름이 하늘을 짙게 덮고 있다.

  언젠가 사학(史學)을 하는 친구가 "유양팔경"을 멋들어지게 읊던 기억이 떠올라 유양팔경 중 하나인 기당폭포(妓堂瀑布)를 둘러보기로 했다.

  양주시 유양동에는 옛날 양주목사가 중국의 팔경을 본떠 만든 유양팔경(維楊八景)이 있는데 일명 양주팔경이라고도 한다.

유양팔경(维杨八景)

1. 산성낙조(山城落照): 산성에 떨어지는 곱게 물든 저녁노을은
2. 기당폭포(妓堂瀑布): 기당골에 내리쏟는 우렁찬 폭포로다
3. 화암종성(華庵鐘聲): 백화암의 종소리는 너무도 은은한데
4. 선동자화(仙洞煮花): 선동의 지짐 꽃도 뛰어나게 향기롭소
5. 금화모연(金華暮烟): 금화정 저문 연기는 미래를 다짐한 듯
6. 승학연류(乘鶴烟柳): 승학교 연기 낀 버들 봄빛을 자랑하네
7. 도봉제월(道峰霽月): 도봉산 개인 달이 밝아서 좋아하면
8. 수낙귀운(水落歸雲): 수락산에 도는 구름은 한가롭기 그지없네

별산대 놀이마당을 지나 양주관아지로 들어오면서 만나게 되는 송덕비(頌德碑)는 양주 인근에 산재되어 있던 것을 한 곳에 모아 전시해 놓았다고 한다. 모두 18기인데 17기는 송덕비이고 나머지 1기는 이를 기념하기 위해 세운 유허비(遺墟碑)로 근자에 세운 것으로 보인다,

가장 오래된 비석은 백인걸 선정비(白仁傑 善政碑)라고 한다. 선조 1년(1567)에 세워졌는데 그는 매우 깨끗한 청백리로 70세에 양주목사를 지냈다고 알려져 있다.

양주관아지는 조선 시대부터 일제 강점기까지 417년간 양주 목을 다스리던 관청이 있던 곳이다. 한국 전쟁 때 모두 불타 버렸다고 하며 동헌인 매학당(海鶴堂)만 복원이 되었다고 한다. 매학당(海鶴堂)은 목사의 정청(政廳)으로 목사가 정무를 보는 외동헌에 해당하는 건물이다.

또한 이곳 양주관아는 1866년 병인박해 때 홍성원(아우구스티노), 김윤오(요한), 권 마르타, 김 마리아, 박 서방 등 다섯 명의 신자가 이곳에서 순교하여 천주교의 치명 순교 성지로 신자들이 찾는 곳이기도 하다.

매학당의 뒤편에는 경기 유형 문화재 제82호로 지정된 어사대비(御史臺碑)가 있는데 조선 정조가 활을 쏘던 곳이다. 이를 기념하기 위해 양주목사 이민채가 직접 비문을 짓고 글씨를 썼다고 한다.

1792년 9월 정조(正租)가 광릉(光陵)에 행차하면서 양주

목사가 있던 관아에 3일간 머물며 시무하여 민정을 살폈다고 한다. 이곳 사대(射臺)에서 신하들과 함께 활을 쏜 뒤 잔치를 베풀었다고 하며, 임금이 활을 쏘았던 곳이라 하여 비석의 전면에 '어사대'라 음각한 모습을 볼 수가 있다.

어사대비(御史臺碑) 뒤 언덕에 정자가 보인다. 시민들의 쉼터로 지어진 듯 보이며 정자가 있는 이곳에서 능선을 따라 오르면 임꺽정 생가 터가 자리 잡고 있다. 지금도 의적으로 회자되고 있는 전설 같은 임꺽정의 고장이기도 하다.

금화정(金華亭)은(경기도 기념물 제167호) 불곡산 남쪽 기슭에 있었던 정자로 금화정의 '금(金)'은 양주목(楊州牧)의 단합(團合)을 뜻하고, '화(華)'는 아름다운 백성의 뜻을 잘 수렴(收斂)한다는 뜻으로, 곧 번업(繁業)을 가져온다는 의미를 지닌 정자이다.

금화정은 또한 양주목사가 백성들을 사랑하여 함께 즐겼다는 '관민동락(官民同樂)'의 사상이 배어 있는 장소다. 구양수(歐陽修)의 『취옹정기(醉翁亭記)』에 나온 "취하면 같이 즐거워 할 수 있고 깨어나면 글을 지을 수 있느니(醉能同其樂醒能述以文)"라는 뜻을 본받아 정자 아래 바위에 '관민동락'이라 새기고 목민관으로서의 마음을 가다듬으려 노력하였다. 높은 벼슬에 이른 목사(牧使)이지만 일반 백성을 제외한 채 혼자만 소유하는 즐거움은 진정한 즐거움이 아니며, 백성과 더불어 즐길 수 있는 것이 진정한 치자(治者)의 덕목이라고 여겼다.

금화정은 울창한 불곡산을 배경으로 날아갈 듯 솟아 있어 한 폭의 그림과 같았다고 한다. 특히 여름철 비가 내린 뒤 폭포수가 떨어지는 광경은 하늘에서 은하수가 쏟아지는 듯하여 장관을 이루는 곳이었다.

정자에 올라 남쪽을 바라보면 멀리 도봉산과 삼각산이 우뚝 솟아 하늘을 찌른다. 해 질 무렵에는 산정에서 내리는 낙조가 난간을 타고 흐르며 산봉우리를 감아 도는 구름은 마음에 한가로움을 더하였다고 한다.

현재의 금화정은 양주시에서 새로 건립하여 원래의 위치가 아닌 폭포 아래쪽에 세워져 있다.

금화정으로 들어가는 초입에 작고 아담한 수레가 발길을 묶는다. 나무로 만든 두 대의 수레에 각각 '나무꾼 책방'과 '선녀 책방'이라고 간판을 달아 독서를 즐길 수 있게 꾸며 둔 모습이 이채롭다.

울창한 숲속에서 이따금 청량한 한 줄기 바람이 불어와 목덜미를 시원하게 쓸고 간다. 맑은 새소리와 매미 소리와 돌돌돌 흐르는 개울물 소리가 한데 어우러져 경쾌한 하모니를 이루는 곳이다. 이 신선한 적요를 깨고 금방이라도 선녀와 나무꾼이 팔짝 뛰어나와 낯 뜨겁게 질펀한 애정 행각을 한바탕 벌일지도 모를 일이다.

드디어 기당폭포에 도착했다. 기생이 긴 머리채를 풀어 흐르는 폭포수에 감았다고 해서 붙여진 이름이라고 한다. 평소엔 물이 말라 아쉬웠는데 큰비가 지나간 탓에 힘찬 물줄기가 쏟아져 내려 물보라를 만든다. 바위에 부딪혀 하얗게 부서지는 포말은 연신 탄성을 지르게 한다. 폭포 가까이 다가서면 서늘한 기운이 감도는 게 마치 저온 창고에 들어온 느낌으로 소름이 돋는다. 주변을 둘러보니 취사와 입수를 금한다는 작은 푯말이 세워져 있고, 아주 앙증맞은 그네가 눈에 띈다. 간혹 불곡산행을 하는 등산객들이 지날 뿐, 폭포는 저 홀로 흥에 겨워 요란한 소리를 내며 흘러내리고 있다. 아는 사람만 아는 비경이리라.

연인과 혹은 친구와 함께 소박한 도시락도 챙겨 오시라. 읽고 싶었던 책 한 권 들고 와 흔들거리는 그네에 앉아 은밀한 정담(?)을 나누는 그림도 아름답겠다. 언뜻언뜻 드러나는 조각하늘을 머리에 이고 상큼한 숲으로 둘러싸인 채, 폭포를 앞에 놓고 유유자적하게 냉막걸리 한잔 나눌 수 있는 친구와 함께라면 부귀영화가 무슨 소용이란 말인가.

북적대는 유명 피서지에서 바가지요금에 시달렸던 사람들이라면 양주관아지로 오시라. 저 유양팔경의 멋진 시 한 수 뽑아 주거니 받거니 암팡지게 사랑과 우정을 다져 간다면 더도 말고 덜도 말고 금상첨화(錦上添花)다.

산은 사람을, 사람은 산을 품는다

◇◇◇

 내가 산행 후기를 쓰게 되리라고 언제 상상인들 해 봤을까?
 우연한 기회에 건강을 위해 등산을 권유하는 지인들이 있었으나 먼 나라 소식처럼 귓등으로 흘려버렸다. 나와 상관없는 일인 줄 알았으므로.
 지난 목요일, 한번 해 보고 싶었던 돼지머리 삶기를 시도했다. 돼지 주인의 지시대로 돼지 얼굴을 깨끗하게 면도한 후 큰 들통에 마늘, 생강, 소주와 된장 한 숟가락을 풀어 넣고 푹 고아 냈다. 마침, 이웃에 사는 형님이 들렀기에 고기를 발라 달라고 부탁했다. 그때 세희의 이름이 찍힌 전화벨이 따르릉 울었다.
 "야, 낼 등산 가자."
 "난 안 가."
 일전에 멋모르고 북한산에 따라갔다가 경을 친 일이 있었다. 얼마나 산새가 험하고 가파른지 살아서 돌아온 걸 하느님께 감사했다. 다시는 무모한 행동으로 주변에 피해를 주지 않겠다고 굳게 다짐도 했다.
 난 완강하게 거절했다.
 잠시 후 또 전화벨이 울렸다.
 "축령산은 밋밋하단다. 가자."

난 갑자기 흔들리기 시작했다. 북한산은 세희의 잘못된 정보로 생사를 오락가락했지만 이번엔 왠지 신빙성이 확고해 보였다.

"알았어. 그럼 가자."

다음 날 일찍 일어나서 김밥과 머릿고기를 싸고 커피도 챙겼다.

콩나물시루 같은 전철을 타고 상봉역에 내리니 일찍 당도한 친구들이 등산복 차림으로 삼삼오오 모여 있었다. 인원을 체크한 다음 경춘선 전철을 갈아탔다. 전철은 말 그대로 입추의 여지가 없이 혼잡했다. 드디어 집결지에 도착해서 상오 대장의 안전 수칙 요령을 들었다. 룰루랄라 콧노래를 부르며(요기까지는 즐거웠지, 아마?) 드디어 대장정의 산행길에 올랐다. 그랬는데 하느님 맙소사. 초입부터 축령산은 만만한 게 아니었다. 뭔가 분명 잘못되어 가고 있었다. 나를 사부라고 부르는 사나이는 난색을 표하고 있다. 내가 헉헉거리자 단호하게 그만 하산해서 혼자 놀다가 버스 정류장에서 만나기로 하는 게 좋겠다고 한다. 그때 어떤 친구가 '무슨 소린가. 할 수 있어. 아, 북한산도 다녀왔는데?' 하며 용기를 백배는 돋우어 준다. 눈물 나게 고마웠다.

힘들게 찾는 답례라도 하듯 산은 넓은 가슴으로 사람을 품는다. 나날이 짙어 가는 녹음이 토해 놓은 저 청량한 한 줄기의 숨결이 내 안으로 파고들어 그대로 혼연일체가 된다.

그래. 이 맛이야. 이래서 그 힘든 산을 오르고 또 오르는 거지. 상큼한 풀꽃들과 풀벌레 소리와 새소리가 세속에 찌든 몸과 마음을 무아지경으로 몰아넣는다.

(후기를 쓰는데 장벽이 있음을 알겠다. 늘 후미에 처지다 보니 일행의 일거수일투족을 알지 못한다. 하여 상세한 기록은 이미 물 건너갔음을 숙지하시라.)

드디어 즐거운 점심시간이다. 나누고 권하고 먹고 마시고 까르르까르르 시끌시끌하다. 울창한 나무 숲 사이로 시원한 바람이 드나들고 푸른 하늘에 한 조각 투명한 구름이 유유히 흘러가고 있다. 각자 준비해 온 음식을 펼쳐 놓고 오순도순 담소하는 모습이 꽃보다 아름답다. 그렇게 점심을 먹고 힘을 얻어 다시 서리산으로 발길을 옮겼다. 여기부터 분지니까 좀 쉽다고, 잘하고 있다고, 기운을 불어넣는 친구들 덕분에 잠깐이지만 선두 그룹을 형성해 의기양양하기도 했었다.

드디어 서리산에 닿자 연신 "와아" 하는 탄성을 내지른다. 철쭉의 군락지가 장관이다. 사진을 찍고 또 찍고, 셔터 누르는 소리와 감탄사로 꽃들이 바짝 긴장한다. 그 와중에도 꽃 한 송이를 꺾어 여자 친구에게 헌화하는 사람도 있었다고 한다. 함께 찍고 또 찍고 드디어 하산하는 길에 만만치 않은 복병을 만났다. 얼마나 가파른 내리막길인지 아찔한 난코스다. 더 이상 민폐 끼치지 말고 유종의 미를 거두어야 한다고 신발 끈을 조이고 결의를 다졌다.

 주차장에서 버스를 기다리며 그 짬을 이용해 맥주 파티를 가졌다. 입장권을 끊어 준 친구와 맥주와 하드를 사서 더위를 식혀 준 친구, 자장면을 산 친구, 점심때 맛난 음식을 싸 와서 나눈 친구들 모두 감사하고 고마웠다. 속마음은 나 같은 친구가 끼는 게 달갑지 않았겠지만 자꾸 뒤로 처지는 나를 이끌어 주면서 참 잘했다고 격려해 준 친구들 고맙다. 나날이 발전하는 내가 놀랍다고 웃으면서 배려하는 미덕을 베풀어 준 친구들 정말 한 아름 진한 감동이었다. 사진을 찍어 편집해 올리느라 수고한 친구들과 무거운 짐을 덜어 짊어진 친구들도 매우 감사했다.
 산행 내내 배부르고 등 따뜻했던, 캥거루를 닮았던 친구와 시종일관 마음의 안테나는 축령산에 꽂아 둔 채 진두지휘한 친구도 복 많이 받으시라.

불곡산의 심장에 새기다

◇◇◇

 사부작사부작 여성봉 등반하고 기산저수지에서 붕어찜이나 먹자는 말을 들었으면서도 어쩌자고 덜컥 불곡산 공지에 댓글을 달았을까? 북한산 여성봉을 수월하게 올랐으니 해발 400미터라는 수치에만 눈멀어 불곡산을 얕보는 오류를 범하고 말았다.
 늘 그랬듯 집을 떠난다는 건 가슴 설레는 사춘기의 첫 경험 같은 것이다. 곧 새로운 미지의 세계를 찾아 미로를 더듬어 나가는 모험심의 발로라고나 할까? 안 그래도 요즘 건망증이 부쩍 심해졌다. 시간표를 잘못 보고 집결지의 만남이 10시 30분인 걸 10시로 착각했다. 10시 10분 전철이 기다리고 있을 뿐이어서 제시간에 닿으려고 택시를 탔다. 그런데 현충일을 기리는 추념 사이렌이 울리고 자동차들이 일제히 멈춰 섰다.
 딱 걸려들었지 뭐.
 그렇게 마음을 졸이고 양주역에 도착했다. 정희를 비롯해 몇몇 친구들의 얼굴이 보였다. 순조로운 출발이라 모두 밝은 모습들이고 아직은 청춘이니까 싱그럽다. 일행은 양주에서 50번 버스를 타고 대교 아파트 앞에서 하차했다. 불곡산 입구에서 기념 촬영도 하고 상오 대장의 각별한 주의사항도 경청하며 오늘 산행 동지들의 간단한 자기소개도 이어졌다.

급번개인데도 인원이 총 19명이나 된다. 여9 남10. 가장 이상적인 황금 비율이 아닐까 싶다. 장소에도 늦게 나타날 수록 베테랑이라는 걸 알았다. 나 같은 왕초보가 앞에서 메뚜기처럼 날뛰는 거지.

불곡산은 구간 길이는 짧지만 거의 암벽으로 가파르다. 아찔한 절벽 아래를 내려다보면 현기증으로 머리가 빙그르르 돈다. 일행들은 참 가볍게 나는 듯 산을 탄다. 보이지 않는 날개를 달았는지도 몰라. 몇몇 친구들이 돌아가며 내 도우미를 자청했다.

상오와 상범, 두 친구가 번갈아 배낭을 메 주었으며, 작은 몸집의 연화가 손을 내밀었을 땐 솔직히 그 손을 잡기가 무서웠다. 내 힘에 딸려 오면 우리 둘 다 황천길로 가는 거잖아? 선기가 무슨 가느다란 줄을 잡으라고 던져 줄 때도 덜컥 겁이 났다.

늘 앞서가니까 모습은 보이지 않아도 '임영희'를 수없이 연호하던 해원이도 고맙다. 말없이 웃어 주며 힘을 실어 주는 인희와 명숙이, 혜자와 정희도 감사했다.

아무튼 내 인생길의 한 페이지에 기록될 소중한 인연들이다. 이렇게 우여곡절을 겪으며 일행은 꼬리를 도마뱀처럼 잘랐다 잇기를 반복했다. 그리고 도저히 넘을 수 없는 장벽을 만났다. 악어바위였던가? 정숙이와 성호가 번갈아 보고 와서 도저히 안 되겠다고 위험한 지름길로 간 일행과 떨어져 돌아가더라도 조금은 쉬운 길로 방향을 틀었다.(성호와 정숙이가 동행이 되어 주었음.)

　나는 가슴이 터질 듯 조이는 듯 아프고 진땀이 줄줄 흘렀다. 그러자 정숙이가 내 팔을 잡아끌고 숲속으로 가 자기가 가져온 반소매로 갈아입게 해 주었다. 선글라스도 모자도 다 벗어 배낭에 쑤셔 넣었다. 맨얼굴에 안경 자국에 모자 자국에 땀 흐른 자국에 꼴이 가관이다.

　탈진 상태라 일행의 물을 거의 다 얻어 마셔도 갈증은 해소되질 않는다. 죽을지도 모른다는 불길한 생각을 하면서 나도 모르는 사이 입속에서 삐져나오는 기도 같은 주문을 악어바위 심장에 선명하게 새겨 넣었다.

　"신이시여! 이 힘든 산행을 통해 새롭게 다시 태어나는 계기가 될 것 같습니다. 부디 나를 포기하지 않게 해 주소서."

　집결지였던 양주역으로 돌아와 간략한 뒤풀이가 시작되었다. 예의 그 구호가 빠질 리 만무다. 더구나 해원이가 진을 치고 있는데 말이다. 그 작은 음식점 여주인이 허둥대고 열 몇 개의 입들이 쏟아 내는 수 없는 말(言)의 잔치가 한바탕 휩쓸고 지나간 자리는 다시 고요하다.

　또다시 산 하나를 넘었다는 뿌듯한 기쁨이 강물처럼 출렁인다. 이렇게 한 발씩 한 발씩 내딛고 인내하며 강해지는 것이다. 모두 질서정연하게 지각한 친구도 없이 모범 산행을 한 것 같아 뒤끝도 상큼하다.

　산은 심장으로 오르고 무릎으로 내려온다는 말, 절실하게 실감한다.

운주계곡의 1박 2일 스케치

◇◇◇

나는 좀 예민한 탓인지 무슨 일이 다가오면 도통 잠을 이루지 못한다. "어서 자고 내일 일찍 일어나야지." 작심하면 더 잠들지 못하고 뒤척이다 날이 새곤 한다. 이번에도 그랬다. 어서 자야지 하면서도 뜬눈으로 밤을 새우고 새벽녘 잠깐 눈을 붙였는데 커다란 전화벨 소리에 후다닥 일어났다. 순자가 약속대로 5시 정각에 전화를 걸어 준 것이다.

비몽사몽 몽롱한 정신을 가다듬고 주섬주섬 가방을 꾸려 사당역으로 갔다. 그곳엔 이미 몇몇 정다운 얼굴들이 모여 반갑게 맞아 주었다. 특히 건강이 안 좋다고 풍문으로 듣던 후상 친구가 멀쩡한 모습으로 나타나서 놀라운 감동을 주었다. 이런저런 안부가 오가고 버스가 도착해 리더의 간단한 설명을 듣고 출발했다. 그리고 안성, 신갈 등에서 친구들을 태운 다음 대전에 내려 뿌리공원을 잠시 둘러보고 목적지인 운주공원으로 향했다. 육십 대가 되어서도 늘 여행은 기분 좋은 설렘을 동반한다.

목적지에 도착한 우리는 허겁지겁 게걸스럽게 점심 식사를 마쳤다. 시장이 반찬이라고 맛있게 그릇을 비워 냈다.

방을 배정받아 짐을 풀고 친구들이 물놀이를 즐기는 동안 나는 지친 몸으로 자리를 잡고 누워 쉬기로 했다. 물놀이를 마친 친구들이 샤워하고 옷을 갈아입고 북새통을 이루는 사이, 저녁 식사로 대전 친구들이 삼겹살을 준비했다. 고기 굽는 냄새와 연기가 좁은 골짜기를 가득 메웠다. 풍성한 과일과 술을 곁들인 만찬을 즐길 수 있게 한 대전 친구들에게 진심으로 감사함을 전한다.

저녁 식사를 끝내고 옹기종기 패거리로 둘러앉아 3.6.9 게임과 고스톱, 노래와 춤판이 각각 벌어졌다. 제 입맛대로 골라 즐기는 오락 시간을 만끽했다.(난 물론 고스톱 판에 끼었지, 뭐.)

밤이 이슥해서 씻고 취침을 준비하는데 누군가 밖에서 나이트 갈 사람 나오라고 소리를 질렀다. 그와 동시에 와아, 함성과 함께 화장을 고치고, 옷매무시를 가다듬고, 우르르 몰려 나갔다. 나를 비롯한 몇몇은 그냥 남아 자리에 누웠다.

옆방에도 단체로 손님이 들어 6.25 때 난리는 난리가 아니었다. 기타 반주에 맞춰「조개껍질 묶어 그녀의 목에 걸고」,「토요일 밤에」,「긴 밤 지새우고」등등 끝없이 합창이 이어졌다. 꽃노래도 한두 번이라는데 몸은 피곤하고 죽을 맛이다. 드디어 우리의 용감한 그녀가 나섰다.

"저기요. 우리는 자야 내일 일찍 일어나거든요. 그러니 열두 시까지만 부르실래요?"

요리 상냥하게 부탁을 하니 그 사람들도 수긍하는 눈치다.

새벽 2시, 나이트에 갔던 친구들이 돌아와 잠자리를 잡는데 야단법석이다. 방 한 칸에 17명이 두 줄로 나란히 눕는데 움직일 수가 없을 지경이다. 어떤 친구는 자리가 마땅치 않자 보따리를 들고 다른 방으로 간다고, "잘 먹고 잘 살아라."라는 덕담(?)을 하며 나갔다. 어떤 친구는 벗어 놓은 신발이 수북이 쌓인 현관 옆에 자리를 잡았는데 발 냄새가 심해서 못 자겠다고 중얼거려 여기저기서 쿡쿡 웃음이 터졌다.

나는 이불장 옆에 머리를 뒀는데 그곳이 가방을 넣어 둔 창고 역할을 하는 곳이라 연신 일어났다 눕기를 반복했다. 보따리를 찾아 들락거리는 친구들 때문이다. 그날 나이트클럽 비용으로 모 친구가 거금 삼십만 원을 쾌척했다는 소리가 잠결에 들렸다.(감사하기도 하지.)

왁자지껄한 밤이 지나고 새벽녘 잠잠함도 잠시, 코 고는 소리가 잔잔한 음악처럼 흐르는데 누군가 얌전하게 "뿌웅-"한다. 또 킥킥 소리가 여기저기 들린다. 잠깐 눈을 붙였다 깬 친구들이 추궁했다. '어제 누구야, 범인이?' '너지?' '아냐.' '그럼 너?' '아냐.' '내가 그랬어.' 누군가 실토를 하는 것 같았다.

글쎄, 다른 방 친구들은 어떻게 1박을 보냈을까?

아침 식사를 끝내고 우리는 화암사라는 근처 산사로 향했다. 정말 세속의 때가 전혀 묻지 않은 듯 자연 그대로 흙과 자갈로만 길이 나 있었다. 지금은 교회나 사찰이나 위용을 자랑하듯 현대식 건물 웅장하게 딱 버티고 서 있다. 그런 세상에 이 산사는 신선한 충격이었다. 결코 짧은 역사도 아닌데 말이다. 낡은 절이 늙은 부처님을 모시고 있는 이 산사도 증축을 서두르고 있는지 목공들의 망치 소리가 고요한 산자락을 흔들고 있다. 오래된 목어 한 마리가 풍경 소리를 내려는 듯 처마 끝에 애처롭게 매달려 눈길을 끈다. 저 망치 소리가 멎는 날이면 이 절도 부처님도 새롭게 다시 태어나시려는지.

 어떤 친구의 유쾌한 휘파람 소리에 물었다. '뭐 좋은 일 있어요?' '옷을 찾았거든요.' 아, 아침 내내 찾아 헤매더니 찾았나 보다.

 다시 숙소로 돌아와 마지막 점심 식사로 닭볶음탕이 준비되었다. 이제 다시 만날 날을 기약하며 석별의 정을 나누는 순서가 된 것이다. 전국 각지에서 모여든 친구들이라 헤어짐이 애틋할 수밖에 없을 터였다.

 아, 우리 이런 만남을 몇 년이나 더 가질 수 있을까? 친구들아, 우리 조금씩만 더 양보하고 이해하며 다툼 없이 살자. 모두 따뜻한 가슴을 가진 친구들은 또 다른 '나'를 생각한다. 그런 의미에서 이번 1박 2일은 참 소중한 여행이었지 싶다.

 끝으로 친구들을 위해 찬조해 준 넉넉한 가슴을 지닌 친구들, 고맙다. 함께하지 못했어도 마음을 보태 준 친구들에게도 감사한 마음을 실어 보낸다.

봄날에 그린 삽화

◇◇◇

오늘도 서영은 조금만 더, 한 판만 더, 하면서 끝내 제시간에 일어서질 못했다.(그래, 누구든 고스톱 치다가 제시간 됐다고 딱딱 일어서는 사람 있으면 나와 보라고 해라. 고스톱 배우겠다는 사람 있으면 도시락 싸 가지고 다니면서 말려야지.)

서영은 자조 섞인 목소리로 중얼거리면서 핸드백을 챙겨 자리를 털고 일어섰다. 쓰윽 훑어보니 오늘은 수진이가 땄는지 느긋한 미소를 흘리고 지수와 경애가 벌레 씹은 표정이다.

서영의 사정을 잘 아는 수진이가 택시 타고 가라며 만 원짜리 한 장을 건넨다.

젠장, 오늘은 또 한바탕 전쟁을 치르겠구나.

급히 아파트를 빠져나와 돌아오는 택시 안에서도 연신 남편의 성난 얼굴이 아른거려 숨이 탁탁 막혔다.

회사에서도 칼 같은 성격과 일처리로 정평이 나 있는 남편이었다.

퇴근해서 마누라가 보이지 않으면 옷도 갈아입지 않고 베란다에서 창밖을 내려다보고 서 있다. 그러다가 마누라 모습이 보이면 들어오지 말고 당장 나가라고 고래고래 소리를 지르는 통에 서영은 동네 창피해서 되도록 비위를 거스르지 않으려고 노력했다.

하지만 고스톱 판에서는 서영도 자신을 제어하지 못했다. 때문에 늘 가정불화가 일어 아이들도 기가 죽으니 서영은 자책하는 것이다. 오늘도 아이들은 슬금슬금 제 방으로 들어가 숨소리도 조용했다.

엄마 때문에 기죽어 지내는 아이들이 목구멍에 가시처럼 걸려 다시는 고스톱을 치지 않겠다고 다짐을 하면서도 한판 놀자(?)는 전화만 받으면 홀린 듯 모질게 거절을 못 한다.(실은 은근히 기다려진다는 표현이 정확했다.)

그래도 돈을 딴 날은 끝까지 나 죽었네 하는 태도로 일관하지만 돈 잃고 속 쓰리고 가족들 보기 죄스러운데 아내를 대역죄인 다루듯 할 때는 서영의 인내에도 한계가 오기 마련이다.

오늘도 그랬다. 신기하게도 남편은 한도 끝도 없이 지치지도 않고 서영의 속을 뒤집었다.

"그만하면 됐어요. 내가 서방질을 했나, 노름해서 집을 팔았나…. 그렇다고 저녁밥 해 놓고 기다렸어요? 늦어도 결국 내가 다 하는데 꼭 이렇게까지 해야 돼요?"

서영도 맞받아 소리를 지르며 방문을 꽝 닫고 들어서는데 딸아이가 훌쩍거리고 있었다.

"이 계집애가 왜 쫄쫄 짜는 거야. 올라가! 네 방으로."

고1짜리가 엄마가 늦어도 부엌일이 그대로 있는 게 미워서 딸아이에게 화살을 돌렸다.

그랬는데 오호통재라. 딸아이 왈.

"엄마, 아빠는 그렇게 싸우면서 뭐 하러 한집에 사세요? 차라리 이혼을 하세요."

순간 망치가 뒤통수를 꽝 하고 내려치는 울림이 왔다.

서영은 기가 막혔다. 지금까지 모진 수모 다 겪으면서도 저희 때문에 참고 살아온 서영의 가치관에도 혼돈이 왔다.

남편의 고향은 안동이었다.

유서 깊은 양반 고을인 줄은 서영도 익히 알고 있었다. 남편의 양반, 상놈 격리시키는 실력 하나는 가히 수준급이었다. 찬란하게 빛나는 의성 김씨로 금쪽같은 양반임을 누누이 강조하는 남편의 고색창연(古色蒼然)한 양반 타령에 실소를 금치 못했다.

충청도 양반 경상도 보리 문둥이라는데, 툭하면 즈이는 양반이고 처가는 상놈이고, 처가는 장인·장모 빼면 촌수를 가리는 게 아니라고 손위처남에게도 말을 놓질 않나, 정말 남부끄러워 친정에도 함께 가고 싶지 않을 정도였다. 시누이들은 제멋대로 싸다니고 유행의 첨단을 걷는 자유를 누리는데도 마누라는 변함없이 조선 여인으로 살기를 원했다.

그 좋은 나이 이십 대에도 종아리는커녕 팔뚝도 맘껏 내

놓고 다니질 못했다. 오로지 저 하나만 바라보고 맞추어 살기를 강요했다.

오죽하면 해산 때도 진통으로 뒹구는 아내를 끌고 여의사를 찾아 이리저리 헤매고 다녔을까?

서영은 이쯤에서 단호한 용단을 내리고 싶었다. 잔뜩 바람을 먹은 풍선이 바늘 끝만 닿아도 폭발하듯, 아이의 그 어설픈 한마디는 서영이 이혼을 결심하게 하는 자극제 역할을 하기에 충분했다. 서영은 의외로 담담했다.

"난 앞으로도 절대로 늦지 않는다고 장담할 수가 없어요. 그러니 우리 갈라서요."

"그러지. 그게 나도 편해."

남편은 기다렸다는 듯 서영의 이혼 제의에 쌍수를 들어 환영했다. 부부란 등 돌리면 남이라더니 거짓말처럼 합의 이혼은 일사천리로 순조롭게 진행되었다. 제법 지성인들답게 위자료 문제나 양육 문제도 별다른 이견 없이 너그럽게 매듭을 지었다. 서영은 내일 이 집을 떠나기로 합의도 했다.

장롱을 열어 옷가지를 챙기다 아이들 배냇저고리를 들추는 순간 눈물이 왈칵 쏟아졌다.

이 집을 장만하려고 얼마나 알뜰살뜰 살림을 꾸리고 긴축 생활을 습관화했는지 모든 게 다 헛되고 헛된 꿈이었다고, 가슴이 미어졌다.

아이들을 제대로 먹이지도 입히지도 못한 일, 친정부모님

생신 때 변변한 밥 한 끼 대접 못 한 일 등등 가슴이 무너져 내려 서영은 하염없이 눈물을 쏟았다.

서영은 어떻게 이 나이에 비참하지 않게 홀로서기를 할 수 있을까 하는 생각으로 뒤척이다가 날이 밝았다.

이제부터 서영은 새벽에 일어나 아침밥을 짓지 않아도 되었다. 남편이 딸아이를 깨워 도란도란 도와 가며 다정하게 식사 준비를 하고 있었다. 서영은 제 아빠 편만 드는 것 같은 아이가 미워 숨죽여 울었다.

그래. 이젠 다 컸으니까 내가 없어도 괜찮단 말이지? 어디 한번 잘 살아 봐라. 서영은 이불을 뒤집어썼다. 서럽고 분하고 억울했다.

남편은 출근하면서 서류 만들게 신분증과 도장을 달라고 했다. 서류가 준비되는 대로 이 집을 나가 달라는 명령(?)을 덧붙였다. 막연히 어디로 가 무얼 하면서 지낼까를 고민하다가 우선 무얼 좀 먹어야겠다고 생각한 서영은 부엌으로 들어가자 피식 웃음이 삐져나왔다.

나 없어도 잘 산다고 큰소리치더니 이건 뭐 호랑이가 새끼를 쳐 나가도 모르게 엉망이었다. 서영은 콧노래를 흥얼거리며 설거지를 시작했다.

그렇게 지겹던 일들이 갑자기 소중하고 즐겁게 느껴지는 건 무슨 조화일까. 설거지를 끝내고 청소를 시작하는데 남편이 들어와 하얀 봉투 하나를 휙 던져 놓고 나갔다. 드디어 올 것이 왔구나.

이제 보따리를 싸 이 집을 떠나야 한다는 생각에 눈앞이 캄캄했다.

바르르 떨리는 손가락으로 무슨 의식을 치르듯 조심스레 내용물을 살피던 서영은 팽팽한 긴장감이 풀리면서 털썩 주저앉고 말았다. 아, 그 안에는 거액의 수표 한 장과 로미오가 줄리엣에게 보내는 연서보다 더 찐한 감동의 사연들이 만리장성을 쌓고 있었다.

외나무다리

◇◇◇

"허어, 그것 참."

허 박사는 연신 줄담배를 태우면서 허공만 응시했다. 그냥 받아들이기엔 뭐 보고 밑 안 씻은 듯 개운치 않을 테고 산통을 깨 버리기엔 아까운 녀석이었다. 아니 그보다도 하늘처럼 믿고 있는 딸애가 어떤 반응을 보일지 와락 겁이 나기도 했다. 어떻게 수습을 해야 하나? 최선의 방법은 무엇일까?

녀석을 처음 본 건 지난해 가을이었다.

"다음 환자 들어오세요."

환자를 호명하는 미스 리의 낭랑한 음성이 들리고 곧이어 말쑥한 용모의 청년이 허 박사 앞에 섰다.

"정호철 씨, 어떻게 오셨나요?"

차트에서 눈을 떼고 청년을 올려다보던 허 박사는 빙그레 미소를 머금었다. 청년의 얼굴이 빨갛게 물들어 있었고, 오랜 경험으로 녀석이 무슨 일로 왔는지 금세 알아차리는 허 박사의 재치가 한층 더 돋보이는 순간이었다. 재빠르게 사태를 직감한 허 박사는 이미 의사와 환자의 사이를 초월해 근엄하고 인자한 아버지가 되어 청년을 배려했다.

"자, 정호철 씨, 어떤 경우에도 의사는 환자의 비밀을 보장합니다. 마음 놓고 증상을 솔직하게 털어놓아야 정확한 치료를 할 수 있어요. 어디가 어떻습니까? 편안하게 말씀해 보세요."

허 박사의 친절에 녀석의 시원한 눈매에 물기가 돌았다. 짐작대로 사생활이 그리 문란한 녀석은 아니었다.

"차라리 꿈이라면…."

포동포동한 햇살이 눈부시게 쏟아져 내리는 4월의 한낮에 정호철 대리는 눈앞이 캄캄했다. 도대체 왜 이런 일들이 일어나는가? 허황되게 일확천금을 꿈꾸지도 않았고 남에게 못할 짓을 한 적도 없다. 오로지 앞만 보고 열심히 살아왔다. 세칭 일류대를 나와 내로라하는 기업의 장래가 촉망되는 젊은 엘리트였다. 이제 허윤희라는 미래를 약속한 아름다운 애인도 있겠다, 불과 몇 시간 전까지도 태양은 정 대리를 위해 빛나는 것만 같았다. 그러나 전혀 엉뚱한 곳에 함정은 도사리고 있었.

지난가을, 인사이동 때였다. 모시던 부장이 승진되어 떠나고 만년 과장으로 있던 박인호 과장이 그 자리로 들어갔을 때 기획실은 축제 분위기로 술렁거렸다. 모두들 자기 일처럼 기뻐했고 사람만 좋았지 무능하다고 소문난 박 과장의 낙루를 보고 사무실 분위기가 숙연해졌다.

정 대리는 진심으로 신임 부장의 앞날을 축복했다. 아버지 연세의 부장에게 연민 같은 걸 느꼈다. 그날 있었던 단합 대

회는 다른 어떤 회식 자리보다도 유쾌했다. 난생처음 긴장을 풀었고, 술이 술을 마셔 대는 이 차를 거쳐 삼 차까지도 기꺼이 따라붙었다.

정호철 대리는 고통에 일그러진 얼굴을 세차게 흔들었다.

윤희는 골똘히 생각에 잠겼다.

카페 '외나무다리'에서 그와 시선이 부딪혔을 때 아버지의 눈에선 파랗게 불꽃이 튀었고, 정 대리는 얼굴이 흙빛으로 변하면서 몸의 중심을 잃고 비틀거렸다. 예상 문제에 모범 답안이었으나 막상 그 광경을 지켜보던 윤희는 뼈를 깎는 자책에 몸을 떨었다. 불균형한 상태의 그를 가슴에 안고 싶었으나 마음뿐이었다. 짐승처럼 신음하며 뛰쳐나가는 모습에 몸은 그대로 얼어붙었다.

이제 윤희는 따뜻한 징검다리를 놓기로 했다. 아버지와 그가 서로 사랑과 이해로 교감할 수 있는 징검다리를, 그녀는 두 통의 편지를 썼다.

아버지, 저는 아버지의 다사로운 사랑에 가슴이 뿌듯해집니다.

간밤에 한숨도 못 주무시는 아버지를 보며 아버지도 그를 받아들일 준비를 시작하시는 거라고 믿습니다.

저는 아버지의 마음을 이미 읽고 있습니다.

다른 사람의 일이라면 전혀 문제가 안 되는 일인데 막상 당신 딸이고 보니 당황하셨죠?(아버지답지 않으세요.)

윤희 올림.

호철 씨, 지금 어떤 모습으로 계실지 안 봐도 눈에 선합니다. 그렇게 나약한 모습을 보이시면 제가 불안합니다. 제가 평생 기댈 수 있는 버팀목이 되기로 하셨잖아요. 호철 씨, 함박눈이 소리 없이 쌓이던 지난겨울이었어요.

외할머니의 부음을 듣고 부모님이 대전에 있는 외가로 내려가셨던 날을 기억하시죠? 그때 당신이 주방으로 커피를 만들러 갔을 때 무심코 책꽂이에 꽂혀 있던 일기장이 눈에 띄더군요.

전 방망이질 치는 가슴으로 당신의 부끄러운 비밀을 훔쳤어요. 그리고 서툴게 커피와 과일을 쟁반에 받쳐 들고 들어서는 당신의 얼굴을 똑바로 볼 수 없어 급한 일이 생겼다고 도망치듯 빠져나온 그날 일이 생각납니다.

당신만큼 저도 고뇌했고, 갈등했고 고통스러웠습니다. 전 아버지께 그 병에 대해 질문을 했고, 공교롭게도 아버진 당신을 예로 들며 설명을 하셨습니다. 단, 한 번의 실수였으며 사윗감으로 욕심이 나는 녀석이었다고 웃으시더군요.

나의 사랑하는 호철 씨, 전화위복이 되리라 믿으며 이번 토요일에 당신을 초대합니다. 이젠 아버지도 따뜻하게 당신

손을 잡으실 겁니다.
 영원한 당신의 윤희.

 추신: 다신 허.준.규. 비뇨기과에서 아버질 뵙는 일은 없도록 하십시오.

목련의 노래

◇◇◇

유난히 춥고 길었던 겨울도 목련의 계절을 맞으며 서서히 꼬리를 감추느라 안간힘을 쏟고 있었다.

벌써 벚꽃놀이가 한창이라는 둥, 붐비는 상춘객들로 도로가 마비되었다는 둥 티브이에서는 어여쁜 아나운서가 연신 봄소식을 배달해 주고 있다. 서영은 심드렁하게 채널을 돌리면서 자꾸만 뒤틀리는 심사에 짜증이 났다.

아니, 봄이 처음인가? 웬 수선이람. 겨울 가면 당연히 오는 봄인데 할 일 없는 것들….

서영은 입속으로 가만히 중얼거리며 가스레인지 위에 주전자를 올리고 불을 댕겼다. 순간 파란 불꽃이 일면서 이내 차 한 잔 분량의 물이 끓기 시작했다. 여느 때보다 진한 커피를 만들어 경대 앞에 앉은 서영은 소스라치게 놀랐다. 아니, 저게 나란 말인가? 파마가 풀려서 푸스스한 머리며 이젠 윤기가 사라져 탄력 없는 피부와 어느새 올망졸망 눈가에 매달려 있는 잔주름은 영락없는 40대 부엌데기의 몰골이었다.

대학 시절, 온갖 찬사를 받으며 도도하게 군림하던 메이퀸(May Quinn)의 모습은 눈곱만큼도 찾을 수가 없었다. 서영은 생각할수록 남편 동섭이 괘씸했다. 수단 방법을 가리지 않고 미사여구를 총동원해 제 여자로 만들던 날부터 태도가 싹 돌변했다. 정확히 말해서 동섭의 본성이 드러난 것이다. 그 엄청난 현실 앞에서 서영은 암담했었다.

서영은 무슨 결심을 한 듯 외출 준비를 시작했다. 늘 집에만 처박혀 있으니 변변한 옷 한 벌이 있나, 마음 놓고 화장품 한번 구색 맞춰 구입해 봤나. 옷도 사고 화장품도 사고, 딸아이 책상도 바꿔 줘야지.

서영이 민우를 처음 만난 건 대학 1학년 봄이었다. 고등학교 때 단짝이던 이경을 찾아간 그 학교 교정에서 정말 운명처럼 우연히 민우를 만났었다. 라일락 향기가 솜사탕처럼 피어오르던 교정에서 몇몇 남학생들이 사진을 찍고 있었다.
낯선 학교라서 서먹한 느낌도 잠시, 이 학교보다 더 고급한 학교의 배지를 달고 있다는 당당함이 서영을 그 남자애들 곁으로 주저 없는 접근을 가능하게 했다.
"저 도서관이 어디죠?"
서영의 맑은 음성에 열 몇 개의 눈동자가 일제히 서영에게 몰렸다. 그때 서영은 불꽃처럼 타는 듯한 민우의 강렬한 눈빛을 감지했다.
제비꽃무늬의 물빛 원피스를 맵시 있게 차려입은 서영의 늘씬한 몸매에 넋을 잃은 듯하던 민우가 제정신이 들자 앞장을 섰다.

"제가 안내해 드리겠습니다."

아직 소년티를 벗지 못한 앳된 모습이었지만 새로 맞춘 베이지색 싱글 코트는 민우를 한층 더 귀티가 흐르게 했다.

이경의 전화를 받은 건, 막 현관을 나설 때였다. 귓전을 때리는 전화벨 소리에 신발을 벗고 수화기를 들었다.

"나야, 서영아, 놀라지 말고 들어."

"뭔데 그래. 빨리 말해. 바쁘니까."

"보채기는. 너 민우 있잖니? 이민우 말야."

"민우 씨가 어쨌는데."

"어제 민우 씨 봤어. 내 사무실에서."

"뭐라고?"

서영은 하마터면 수화기를 떨어트릴 뻔했다. 떨리는 가슴을 진정시키며 꼴깍 마른침을 삼켰다.

"글쎄… 웬 말쑥한 중년 신사가 들어와서 광고 때문에 찾아온 기업체 간부인가 했지. 그런데 척 보니 낯익은 인상이더라. 어디서 봤을까? 그런데 글쎄 그쪽에서 먼저 알아보고 이경 씨 아닙니까? 하는 거야. 네가 그토록 그리워하던 민우 씨가 스스로 찾아오다니…. 참 세상도 부처님 손바닥 안이더구나. 네 안부를 묻기에 전화번호 알려 줬다."

이경의 장황한 설명에 서영은 그대로 주저앉았다. 외출을 서둘렀던 기분이 싹 사라졌다. 신기하기도 하지.

민우네 학교서도 서영의 학교서도 이미 둘은 공인된 커플이었다. 서영의 눈부신 미모도 명실공히 민우의 차지가 될 수 있었다. 적어도 동섭이라는 막강한 라이벌이 등장하기 전까지는 그랬다. 동섭은 서영 아버지의 절친한 친구의 아들이었다. 어느 날 외출에서 돌아오신 아버지는 서영을 불러 앉혔다. 약주가 거나하신 아버지는 기분이 매우 좋으신 듯했다.

"서영아, 너 졸업하면 무슨 좋은 계획이라도 있니?"

아버지의 물음에 답한 건 옆에 계신 어머니였다.

"여자 나이 스물넷이면 딱 좋은 나이잖우. 마땅한 짝을 지어 보내야 할 텐데…. 얜 막무가내로 취직을 하겠대요. 당신이 야단 좀 치세요."

"그야 당사자의 의견이 중요하지. 부모라고 자식의 장래를 마음대로 할 수야 있나?"

하시면서도 아버지는 일방적으로 대화를 몰아갔다.

"내 친구의 아들이라서가 아니라 그만한 자리는 흔치 않다. 한번 만나 보고 결정은 네가 하도록 해라."

미국의 유수한 대학에서 박사 과정을 밟아 귀국했다는 동섭을 만났을 때 서영은 갈등하기 시작했다.

민우를 처음 봤을 때와는 또 다른 감정이 서영을 들뜨게 했다. 외국 생활을 오래 했기 때문일까? 동섭에게선 잘 익은 수밀도처럼 착착 감칠맛이 묻어났다. 세련된 매너와 준수한 용모가 서영을 압도했다. 이상하게 그의 앞에만 서면 작아지는 자신을 보며 피식 실소를 금치 못했다. 동섭에 비하면 민우는 얼마나 순수한가. 언제나 햇사과처럼 풋풋한 동갑내기 민우는 감히 서영의 손 한 번 잡을 용기도 못 냈다. 오히려 쩔쩔매는 민우가 안쓰러워 먼저 악수를 청했을 때도 선뜻 그 손을 잡지 못했을 만큼 때 묻지 않은 모습은 얼마나 서영을 감동케 했었는가.

결국 동섭이 쳐 놓은 완벽한 그물에 서영이 걸려들고, 석모도에서 두 사람이 돌아오지 않자 기다렸다는 듯 두 집안에서는 결혼을 서두르기 시작했다. 그해 졸업을 앞두고 민우의 자살 소동으로 학교는 발칵 뒤집어졌다.

한숨 못 자고 일어난 서영은 입맛이 깔깔해서 우유 한 잔으로 아침 식사를 대신하고 목욕탕으로 미용실로 분주하게 돌았다. 오랜만에 전신 마사지도 잊지 않았다. 20년 만의 해후를 위해서 서영은 눈물겨운 정성을 쏟았다. 화려하게 성장(盛裝)을 하고 저녁 지을 시간에 집을 나서는 서영을 본 시어머니는 눈살을 찌푸렸다. 뒤통수가 따가웠으나 서영은 당당하게 집을 나섰다.

아직 이른 탓인지 S호텔 레스토랑은 한산했다. 엽차를 날라 온 여주인이 눈인사를 했다. 서영은 움찔했다, 도둑질하다 들킨 때처럼…. 그때 누군가 입구 쪽에서 서영에게 손짓을 했다. 침침한 실내 분위기 때문에 선뜻 얼굴 윤곽이 잡히질 않았다.

그는 성큼성큼 걸어 서영 앞에 섰다.

"혹시 문서영 씨?"

"누구신지요?"

"아하! 이민웁니다. 정말 몰라보겠군요."

아, 가만히 바라보니 눈매며 콧날이며 깨끗하고 가지런한 치아가 민우임을 여실히 증명해 주고 있었다. 참 기가 막혔다. 이렇게 몰라볼 수가 있을까?

뭐? 말쑥한 신사? 대머리는 홀러덩 까지고 배는 불룩 맹꽁이처럼 튀어나오고. 내가 몰라보는 건 무리가 아니지. 아, 그런데 왜 저는 나를 몰라봐? 시력도 감퇴했나 보네.

식사를 주문하고 기다리는 동안 이 능글능글한 대머리가 주접을 떨었다.

아내와 두 딸입니다. 큰아이는 공부를 잘하고 작은아이는 바이올린을 합니다. 왜 어디가 안 좋으세요? 몇 남매나 두셨습니까? 부군은 무슨 일을 하십니까.

묻는 말에 겨우 고개만 까닥이는 서영의 마음은 남편의 연구실로 달려가고 있었다. 어서 이 자리를 벗어나 남편 퇴근 시간에 맞추어 근사한 저녁을 먹고 술도 한잔하리라.

그리고 한 번도 하지 못했던 이 소중한 한마디의 말을 하리라.

"당신 사랑해. 그리고 고마워요."

눈물이 날 것만 같았다. 저 주책없는 남자는 지갑 속의 가족사진을 들여다보며 만면에 징그러운 웃음을 흘리고 있었다.

개기름이 자르르 흐르는 얼굴하며 훌러덩 벗겨진 대머리를 나만 그리워했다는 말인가? 왜 나는 내가 가진 것들을 하찮게 여기고 불행하다고 생각했을까? 저 남자도 처자식이 소중하고 저 남자를 하늘처럼 떠받드는 아내가 있다.

서영은 핸드백을 챙겨 일어섰다.

"중요한 약속을 깜박했어요. 식사는 혼자 하셔야겠어요. 죄송합니다."

뒤도 돌아보지 않고 거리로 나온 서영은 남편에게 전화를 걸어 울먹이는 목소리로 저녁을 사 달라고 했다.

눈물은 하염없이 볼을 타고 흘러내렸지만 가슴에는 보석이 꽉 들어찬 듯 뿌듯한 느낌이 들었다. 어느 음반 가게에서 목련의 노래가 잔잔한 선율로 서영의 가슴을 파고들었다.

아아 멀리 사라져 별처럼 빛나는
그대 이름을 목 놓아 부르노라
목련꽃 필 때면 그대가 그리워
수없이 편지를 쓰고 또 지우네
대지는 새 생명을 잉태하고
사랑은 그리움을 낳는 계절아
빛나던 나의 스물 길 청춘은
강물처럼 흘러 덧없이 저물었네

「목련의 노래」 임솔희 作

착각

◇◇◇

 노란 은행잎이 떨어져 수북이 쌓여 가는 D여고의 교정에 소슬한 가을비가 추적추적 내려 을씨년스런 풍경을 연출해 내고 있었다. 은영은 넋을 잃고 창밖을 바라보았다. 학생들이 썰물처럼 빠져나간 교사(校舍)는 쓸쓸한 적요가 감돌고 있었다.
 "커피 한잔하시겠어요?"
 은영이 고개를 돌리자, 임솔희 선생이 커피 잔에 커피포트의 물을 따르고 있었다. 아, 오늘 같은 날은 왜 이리 커피 향이 좋은 걸까? 은영은 두 손으로 유리보다 투명한 크리스털 커피 잔을 감싸 쥐고 아주 천천히 혀끝으로 커피 맛을 음미했다. 아주 천천히.

 이현우, 그를 처음 만나던 날도 오늘처럼 비가 내렸다. 겨울을 재촉하는 비바람에 밤새 창문이 덜컹거렸다.
 민감한 체질을 타고난 은영은 간밤에 잠을 설쳐 부석부석한 얼굴로 출근 준비를 서둘렀다. 아파트 베란다에서 올려다본 하늘은 온통 잿빛으로 컴컴했다. 바람은 잦으나 실비는 여전히 같은 리듬으로 내리고 있었다.
 엘리베이터가 10층에 머물자 스르르 문이 열렸다. 습관처럼 왼발을 먼저 안으로 들여놓던 은영은 훅하고 호흡이 멎는 듯했다. 아, 그가 거기 있었다. 처음이지만 전혀 낯설지 않은 얼굴이었다. 쏘아보는 듯 강한 흡인력을 지닌 그의 시선은 은영을 붙잡고 놓아주질 않았다. 은영은 그가 자기 인생에 중요한 모티브가 될 거라는 예감에 부르르 몸서리를 쳤다.

"정 선생님, 오늘 좋은 일 있으세요?"
임 선생이 침묵을 깼다. 은영은 긍정도 부정도 아닌 미소로 답했다.
"달리 듣지 마세요. 이건 제 경험인데 좋은 일은 너무 뜸 들이면 탈이 납니다. 신이 질투를 하거든요."
"임 선생님, 고맙습니다. 그리고 참고하겠어요."
은영은 동병상련의 임 선생에게 진한 연민을 느꼈다. 혼자인 사람은 안다. 오늘 같은 날은 얼마나 춥고 외로우며, 고독감이 뼛속 깊이 스며드는지를.
현우는 모든 걸 완벽하게 갖추고 있었다. 학벌이나 용모, 재력을 모두 겸비한 남자였다. 어디에 내놓아도 손색이 없었고 누구나 탐낼 만한 사윗감이었다.
그는 유수한 대학병원의 소아과 전문의로 근무하고 있었다. 가끔 주차장이나 엘리베이터 주변에서 마주치면 가벼운 목례가 고작이었으나 은영은 결코 서둘지 않았다. 그가 위

층에 살고 있다는 사실만으로 충분히 행복했으니까. 그렇게 벌써 1년이 지나고 있었고 오늘 아침이었다. 막 자동차에 키를 꽂는 순간이었다.

"오늘 커피 한잔할까요?"

화들짝 놀란 은영이 고개를 돌리자 그도 자동차에 시동을 걸면서 고개만 내밀며 웃고 있었다. 아주 화안하게. 은영은 고개만 주억거렸다.

"그럼 몽마르뜨에서 기다리겠습니다. 너무 오래 기다리게 하진 마십시오."

아, 얼마나 기다렸던 일인가. 피잉 눈물이 돌면서 뜨거운 것이 목까지 차올랐다.

은영은 상념에서 벗어나 퇴근을 서둘렀다. 또각또각 발소리도 경쾌하게 몽마르뜨를 향해 아니, 아름다운 내일을 향해 박차를 가했다. 은영이 몽마르뜨에 도착했을 때 현우는 친구와 함께 있었다. 그의 친구가 정중하게 고개를 숙였다.

"김동우라고 합니다."

은영은 어떤 확고부동한 신뢰감을 감지했다. 쑥스러워 친구를 대동한 그 맑은 지성이 은영을 감동케 했다. 차를 마시고 식사를 하면서도 나른한 행복감이 은영의 전신을 휘감았다. 그의 친구를 보며 임솔희 선생과 잘 어울릴 거란 생각도 해 본다. 그렇게만 된다면 더없이 좋으련만.

그가 술을 마셨다는 이유로 은영과 동승을 요구했다. 집까지 오는 동안 그는 한마디도 하지 않았다. 그래, 말이 많은 게 좋은 건 아니지. 엘리베이터가 그들 앞에 섰다. 이현우, 그는 은영을 안다시피 성큼 안으로 들어섰고 신속하게 10층까지의 단추를 모조리 눌렀다.

순간 은영의 명석한 두뇌도 전광석화보다 빠르게 회전했다. 그가 중대한 결심을 발표하리. 설령 그가 키스를 요구해도 난 거절하지 않으리. 그때 불쑥 그가 하얀 사각 봉투를 내밀었고 영은 청첩장임을 한눈에 알아보았다.

신랑, 이○○ 씨의 차남 현우…. 신부, 임○○ 씨의 장녀 솔희…. 솔희…? 임 선생이…?

은영은 심한 현기증으로 다리가 휘청거렸다.

"은영 씨, 아까 그 친구 좋은 놈입니다. 교제해 보시면 알겠지만 실망하진 않을 겁니다."

이현우 지금 그가 무슨 말을 중얼거리는가, 무슨 말을….

바이블과 스카프

◇◇◇

"큰 글자 성경책을 샀는데 무거워서 들고 다닐 수가 없네요. 교회를 안 나가더라도 읽으면 글 쓰는 데 도움이 되니 혹 필요하면 드릴게요."

"고맙습니다. 주신다면 감사히 받겠습니다."

오랜 카페 생활로 닉네임이야 낯익었으나 얼굴도 이름도 모르는 분께서 선뜻 손을 내밀어 주셨다. 며칠 후, 새 성경책과 고운 빛깔의 실크스카프와 한 권의 에세이집이 택배로 배달되었다. 여전히 세상은 넓고 아름다운 마음을 나누는 분들 때문에 살 만한 가치가 있다는 생각이 들었다.

예전에 어떤 풍경(이 기억만 남.)이란 닉네임을 가진 분이 이것저것 알뜰하게 챙겨 주셨는데 연락처와 정확한 닉네임을 잊었다. 아산 천안 쪽에 사셨던 기억만 난다. 일전에는 꽃씨 나눔을 한다고 해서 주소를 적었더니 사과즙까지 보너스로 따라와서 조금 당황했던 기억도 있다.

얼굴도 이름도 모르는 분들의 선행에 크게 와닿는다. 아직 세상은 아름답고 살 만하다는 생각에 감사한 마음 가득 안고 나도 그리 살아가리라 다짐을 한다.

제4부

먼저 사람이 되어라　　　　　문득 그녀가 그리워서
내 남편의 집　　　　　　　　빌어먹을 놈과 구세주
윤희　　　　　　　　　　　　아냐시오를 보내며
너를 사랑하고 나는 울었다　　하늘 한번 올려다보니
말이 씨가 되었다　　　　　　즐거운 장례식
엄마는 生前에 단 한 통의 편지를 썼다　　나는 여왕보다 행복합니다

먼저 사람이 되어라

◇◇◇

약 이십여 년 전 의정부 살 때의 일이다.

남편은 사적인 돈거래나 계 모임 같은 걸 병적으로 싫어하는 사람이었다. 돈은 빌리지도 빌려주지도 말라고, 돈이 꼭 필요하면 자기에게 말하라고 했다. 은행이나 상대하고 칼퇴근을 하며 융통성이라곤 눈곱만치도 없는 사람이었다. 정확하고 실수를 용납하지 않는 사람이다. 그런 그의 성격에 맞춰 살아야 했으니 나도 참 힘든 결혼생활을 했던 것 같다. 그런데 내가 감당할 수 없는 사고를 치고 말았다.

'새벽詩'라는 문인들의 단체를 결성해 이끌고 있을 때였다. 해마다 문인 협회에서 부록으로 나오는 명부를 보고 의정부에 사는 문인들에게 가입을 권유했다. 그때 영입한 회원이 내 인생에 커다란 오점을 남길 줄은 꿈에도 몰랐다.

J대 국문과를 졸업했다는 그녀는 시도 잘 썼고 서글서글한 여자라 호감이 갔다.

그녀는 성모병원 근처 새 아파트에 입주했다면서 회원 모두를 집들이에 초대해 식사도 대접했다.

그날 남편이라고 소개한 남자가 연하의 미남이라서 부럽다고 했더니 회원 중 한 사람이 순진하다면서 어디가 남편 같으냐고 핀잔을 한다. 딱 봐도 정상적인 부부는 아니라고 그녀를 의심의 시선으로 바라보았다. 남의 말을 곧이곧대로 믿는 나는 사람 볼 줄 모르는, 어쩌면 헛똑똑이인지도 모른다.

Y시 예술의 전당에서 중고교 학생 백일장도 치르는 등 활발한 활동을 했다.

그녀는 교인으로 보험 회사에 다니고 있었다. 보험설계사가 아니라 노원의 K생명의 창구에서 일한다고 하며 명함을 나누어 주기도 했다.

어느 날 드디어 그녀가 내게 행동을 개시했다. 점심을 사겠다고 노원으로 나오라고 했다. 마침 백화점에 볼 일도 있어 냉큼 약속을 잡고 말았다. 백화점 식당에서 만나 점심을 먹고 차를 마시며 담소를 나눴다. 드디어 그녀가 오랫동안 공들여 온 먹잇감을 낚기 위해 낚싯대에 미끼를 꿰고 있었다.

"선생님 돈 벌고 싶지 않으세요?"

나는 느닷없는 그녀의 질문에 어리둥절했다. 이야기의 요지는 이랬다. 자기 고객이 자기에게 부동산을 맡겨 놓았는데 빨리 처분이 안 되어 현금이 필요하다고 했다. 떼일 염려 없고 자기가 책임을 질 것이니 아무 걱정 말고 2천만 원만 빌려 달란다. 이자는 월 2부를 주겠다고 했다. 만약 더 비싼 이자를 주겠다고 했으면 당연히 나는 의심했을 테고, 그녀는 거기까지 철저한 계산을 했던 것이다. 그때 의정부 30평형대 새 아파트 분양가가 1억 2천 정도였다.

나는 사적인 금전 거래를 극도로 싫어하는 사람이다. 남편 회사 인부의 아내가 애들 등록금 때문에 돈을 빌려 가고 남편의 월급날 갚고 그걸 몇 번 반복한 적은 있었다.

고만고만한 아이 셋을 키우며 집안일에 치여 살 때였다.

그 아주머니는 돈을 갚으러 오면 싱크대에 쌓인 그릇을 보고 팔을 걷어붙였다. 아마 돈 빌려준 고마움을 그렇게 표시하신 것은 아닐까 한다. 언감생심 이자놀이 같은 건 꿈에도 생각해 본 적이 없었는데 이렇게 어이없이 말려들다니….

왜 그런 적 있지. 마음은 절대 안 된다고 "안 돼!"를 외치면서도 나는 그녀와 어느새 타협을 하고 있었다. 꼭 도깨비에 홀린 듯 3개월만 쓰고 월 이자는 2부로 한다고 그녀가 써서 내민 차용증에 엄지손가락 지장을 찍고 말았다. 그때 마침 비상 사태를 위한 마이너스 통장을 갖고 있던 나는 그녀가 일러 주는 대로 노원 근처의 은행 창구로 향했던 것이다.

한 달이 되자 40만 원이 이자로 들어왔다. 이렇게 달콤할 수가 있을까.

나는 종일 공짜 돈이 생겨서 신바람이 났다. 그렇게 두 달째 이자도 제날짜에 어김없이 들어왔다. 그녀가 한 달 쓰고 먼저 빌린 돈과 함께 준다고 1천만 원을 더 요구했다. 뭔가 분명 찜찜한 구석이 있는데도 나는 애써 부정하고 또 1천을 건네주고 말았다. 그 당시 의정부 신시가지 연립 주택이 3천 정도였다.

딱 한 번 육십을 이자로 받았고 그 후로 그녀의 실체가 보이기 시작했다. 차일피일 미루면서 원금도 이자도 딱 끊고 통화도 안 되기 시작한 것이다.

그녀가 전화를 해 왔다. 5백만 원만 더 해 달라고 한다. 이 여자가 미쳤나…. 이 상황에 무슨 어처구니없는 말을 하나요. 당신 같으면 만졌다 준다고 해도 또 주겠어요?

무슨 급한 구멍을 막아야 하는데 오늘 넘기면 자기네 경제가 무너져 내 돈을 갚을 수가 없다고 울먹이며 생쇼를 한다. 나는 덜컥 겁이 났다. 이 여자가 잘되어야 내 돈을 받을 텐데 어쩌나. 나는 얼른 은행으로 달려가 한도액인 카드 대출 5백을 또 사기꾼에게 송금하고 말았다.

그녀는 완벽하게 양의 탈을 쓴 사기꾼이었다. 돈도 돈이지만 얼마나 약을 올리는지 미쳐 버리는 줄 알았다. 남편이 알까 조바심도 나고 분하고 억울해서 자다가도 벌떡 일어났다. 마침내 평소 알고 지내던 변호사를 찾아 상담하고 의정부 경찰서에 고소장을 제출하기에 이르렀다. 베일이 벗겨지고 실체가 드러나자 그녀는 노골적으로 뻔뻔한 행동을 했다. 내가 고소한다고 했을 때 그녀는 빙글빙글 비웃듯 나를 회유했다.

"선생님, 그거 해 봤자 오라 가라 귀찮기만 하고 아무 소용 없어요."

"성경에 손을 얹고 맹세해요. 그 돈 안 떼먹어요."

"고소한 사람들 돈은 갚지 않을 테니까 알아서 하세요."

정말 어이가 없고 기가 막혔다. 아파트 등기부를 떼 보니 줄줄이 채권자가 압류한 액수는 집값을 훨씬 상회하고 있었다. 새로 빼서 타고 다니는 하얀 쏘나타도 할부라 명의는 자동차 회사로 되어 있었다. 서당 개 3년이면 풍월을 읊는다고 그녀의 해박한 법률 지식은 숱하게 고소를 당해 경찰서를 들락거리며 습득한 것이리라.

무슨 놈의 법이 피해자 편이 아니고 사기꾼 편이라는 생각에 차오르는 울분으로 나는 나날이 피폐해져 갔다. 사기꾼은 의기양양하게 살살 약 올리며 잘 살고 있는데 나는 속수무책으로 할 수 있는 일이 없었던 것이다. 한국문인협회에 알려 얼굴을 못 들게 하고 싶어도 오히려 명예훼손으로 내가 걸린다고 했다. 무슨 사기꾼의 명예(?)을 지켜 준다는 것일까? 나는 돈을 못 받아도 내 발아래 엎드려 싹싹 빌게 하지 않으면 살 수 없을 것 같았다.

경찰서에서 몇 차례 조사를 받았다. 담당 형사가 비밀이라면서 악질에게 잘못 걸려들었다고 서류를 한 아름 보여 주었다. 그녀는 의정부 경찰서의 단골 피의자였다. 다른 건으로 어제도 조사받고 갔다고 한다. 나는 피해자라도 형사 앞에 앉으니 온몸이 굳어 말도 제대로 못 하는데, 그녀는 일단 몇 번 미루고 나서 조사를 받는다는 사실을 나중에 알았다. 느긋하게 도망가지 않았다는 것만 알게 하는 것 같았다.

날짜를 어기면 큰일 나는 줄 알고 꼬박꼬박 제날짜와 시간을 맞춰 조사를 받던 나는 얼마든지 조율할 수 있다는 것도 그 여자의 행동을 보고 알았다.

차용증을 쓰고 몇 번 이자가 오갔으면 사기죄 성립은 안 되며 민사로 가고 돈이 없으면 못 받는다는 걸 알았다. 사기죄 성립 요건은 처음부터 갚을 생각이 없었거나 빌린 돈이 가진 돈보다 많아야 된다고 한다.

나는 어떻게 되어 가는지 답답했다. 일단 보이는 재산은 없다. 채권자가 대추나무에 대추 달리듯 주렁주렁 매달린 그 잘난 집도 아들 명의로 되어 있고 자동차도 할부였다.

어느 날 드디어 대질 신문을 하느라 그녀와 형사 앞에 나란히 앉게 되었다. 이자 액수 날짜는 맞는가? 이자는 몇 번 오갔는지? 등등을 확인했다. 그녀가 거짓말을 하는 건지 아니면 하도 피해자가 여럿이라 헷갈리는지 선이자를 떼고 얼마를 빌렸다고 진술했다.

어이가 없었다. 나는 이미 차용증과 이자가 들어온 통장을 복사해 고소장에 첨부했으니 형사는 다 알고 있는 내용이다.

내가 선이자를 뗐다고? 내가 전문 사채업자처럼 선이자라니 황당했다. 조사를 마치고 형사가 그녀에게 한마디 한다.

"어떻게 문학회 회장님 돈을 떼먹어요?"

터덜터덜 경찰서 마당을 걸어 나오는데 그녀가 탄 신형 쏘나타가 쌔앵 내 앞을 가로질러 미끄러져 갔다. 머지않은 날에 어떤 일이 일어나는지도 모르는 채 말이다.

나는 그녀를 내 앞에 꿇리고 사과를 받아 내는 게 인생의 목표가 되어 버렸다. 배신감에 끓는 분노를 삭일 수가 없어 먹을 수도 잠들 수도 없었다. 형사고소 외 국가에서 운영하는 국민신문고도 두드렸다. 내가 할 수 있는 모든 방법을 총동원하리라 다짐했다.

어느 날 그녀가 풀죽은 목소리로 전화를 걸어 왔다. 별일이네. 전화를 다 하고.

"무슨 일인가요? 전화를 다 하고."

"저 오늘 구속된대요."

지금 이 여자가 뭐라고 지껄이는 건가. 혹 내가 실성을 해서 환청이 들리는 건 아닐까? 나는 머리를 흔들었다. 정신 차려야지. 그런데 참 이상하지? 뛸 듯이 기뻐서 춤이라도 덩실덩실 추어야 정상 아닐까? 그동안 분노에 찼던 마음이 차분히 가라앉으며 맥이 탁 풀려 털썩 주저앉고 말았다. 나는 거짓말처럼 차분했다.

"그래서 어쩌라고요."

그녀는 사기죄가 성립될 리 만무하다고 자신에 차서 그리도 당당하게 굴었는데 너무 순조롭게 구속이 된 것이다.

카드 대출로 마지막에 넘어간 500만 원이 그녀의 발목을 잡을 줄이야 꿈엔들 알았을까. 내가 사기당한 걸 알고 있다는 걸 저도 알면서 끈질기게 재차 돈을 요구하던 여자였다. 씨알도 안 먹히는 소리 하지 말라고 내가 응하지 않으니 500만 원이 없으면 경제가 무너진다고 했다. 그러면 내 돈을 갚을 수 없다고 협박해 카드 대출까지 받게 해 갈취한 부분이 그녀 스스로를 협박 공갈죄로 옭아맨 족쇄가 되었다고 한다. 이제 모든 게 이렇게 막을 내리는구나. 그런데 참 이상했다. 나는 하나도 기쁘지 않았던 것이다.

신문고 측에서 연락이 와 피의자가 구속되었으니 이 사건은 여기서 종결짓겠다고 했다.

그녀의 오빠라는 사람이 만나자고 연락이 왔다. 나는 돈 문제가 해결 안 되면 만날 필요 없다고 냉담하게 말했다. 이제 그 가족들이 몸이 달아 나를 찾는다. 이런 걸 두고 전세가 역전됐다고 하는 거겠지. 집으로 찾아오겠다고 하도 사정을 해서 그를 만나러 갔다. 그 오빠라는 사람이 쇼핑백을 들고 왔는데 그 안에 500만 원이 들어 있다고 했다.

어림도 없죠. 삼천 오백만 원인데요.

다음 날인가 그녀와 사실혼 관계에 있는 남편이란 남자와 딸이 찾아왔다. 무슨 영화배우라고 들었는데 얼굴이 낯선 걸 보니 주연은 아니겠고 이름 없는 조연이나 엑스트라쯤 되겠다 싶었다.

그 집에 초대되어 갔을 때 한 번 봤으니 구면인 셈이다. 별 볼 일 없이 외모만 그럴듯해서 능력(?) 있는 여자에게 누나 누나 하면서 빌붙어 사는 연하의 남자였다. 그래도 남편이라고 구속된 누나를 찾아왔으나 해답은 내놓질 못했다.

여자는 사기 치는 수법도 능력이라고 젊은 남자를 데리고 사느라 그 대가를 치르는 중이다. 그 여자가 경찰서 유치장에 들어가 있는 동안 담당 형사를 만났다. 법원에서 영장이 떨어지자 혹여 자취를 감출까 봐 눈치채지 않게 그녀를 불러들였다고 형사가 말했다. 면담 끝에 오늘 몇 시에 구속이 된다고 말하니 그녀가 하염없이 통곡을 했다고 한다. 어떤 의미의 눈물이었을까? 수많은 사람들을 등쳐 먹고 살았으면서, 그러고도 뻔뻔하게 더 큰소리치고 예수님을 팔던 여자였다. 그 당당하던 여자가 구속이 된다니까 억울해서 통한의 눈물을 흘렸던 것일까?

주변에서는 돈 받기 전 그녀를 절대로 용서하지 말라고 했다. 나도 그러리라 마음을 다졌다. 그랬는데 불과 이틀을 넘기고 나는 불면증에 시달렸다. 내가 누굴 유치장에 넣었다는 그 자체로 나는 편치가 않았다. 그 여자 때문에 그렇게 속을 끓였으면서 말이다.

이건 어떤 심리인지 모르겠다. 겨우 500만 원 받고 그 여자를 풀어 주어야 할지 나는 고민에 빠지고 말았다. 당시 군 생활을 하고 있던 그 여자의 아들이 혹시 제 엄마 때문에 탈영이라도 하면 어쩌나. 급기야는 총을 들고 탈영해 아파트 입구에서 나를 기다리는 악몽에 시달려 잠을 이룰 수가 없었다. 이젠 내가 가해자가 된 것 같아 지옥이 따로 없었다.

그다음 날 재수생이라는 그녀의 딸아이가(당시 20세) "아줌마 제가 벌어서 갚을게요. 우리 엄마 용서해 주세요." 한다.

"네가 얼마를 받는다고 그 돈을 갚겠니?"

"120은 벌 수 있어요."

얼굴은 핏기가 없이 허약해 보이는 아이가 제 엄마를 위하여 통사정을 한다. 나는 굳게 다짐한 결심이 흔들렸다. 어떻게 여기까지 왔는데….

아직 그녀에게 진실한 사과 한마디 듣지 못했다. 그래도 그녀를 용서하지 않으면 내가 괴로워 안 되겠다. 나는 이미 그녀가 구속되었으니 소기의 목적은 달성한 셈이니까 그 딸아이와 합의점을 찾기로 했다.

"너도 생활을 해야 하니까 딱 절반을 갚아라. 매달 50만 원씩 꼬박꼬박 갚겠다고 차용증을 써라."

그 아이가 고개를 끄덕이며 "아줌마 고마워요." 한다. 그 길로 대서소로 가서 차용증을 썼다. 그녀의 오빠가 가져온

500만 원을 받고 1,500만 원에 대한 차용증을 쓰고 고소를 취하한다는 서류를 제출하기로 합의했다. 1,500만 원은 받기도 어렵거니와 내가 지불한 수업료라고 흔쾌히 포기하기로 했다. 만약의 경우 아이의 외삼촌이 갚는다는 문서도 작성했다.

그러는 동안 그녀는 이미 1차 판결을 통해 구치소로 넘어갔다고 한다. 타이밍이 좀 늦은 감은 있으나 그 가족들은 그래도 감사하다고 연신 인사를 한다.

며칠 후, 그녀가 풀려났다고 전화로 인사를 해 왔다. 나도 고생했다고 입에 발린 외로의 말을 건넸다.

그녀가 풀려나고 머지않아 나는 곧 후회했다.

"삼년구미 불위황모(三年狗尾 不爲黃毛)"라는 속담이 있다.

개 꼬리 삼 년을 재 속에 묻어 두어도 황모(붓으로 쓰는 족제비 털)가 못 된다는 말이 있듯 사람 쉽게 변하지 않는다는 걸 뼈저리게 느꼈다.

지금은 의정부가 북적거리는 도시로 발전했으나 그때만 해도 인구 30만 정도의 소도시라 소문은 빨랐다. 그녀와 가까이 지내던 여자 둘이서 나를 찾아왔다.

아마 돈 문제가 걸려 있어 내게 무슨 소식이라도 들을 수 있을까 해서 수소문해 찾아온 것 같았다.

이런저런 얘기 끝에 그녀가 내 욕을 하고 다닌다고 했다.

"그 ○ 같은 ○ 때문에 벌금 500만 원이 나왔다." 하고 분해하더라고 했다. 나는 어이없어 쓴웃음을 지었으나 이왕 이리된 것 약속대로만 지켜 주기를 바랐다.

그 후 몇 번 50만 원씩 들어오다 끊기더니 연락마저 두절되었다. 오빠라는 사람의 주소도 거짓이라 주소 불명으로 내용 증명이 되돌아왔고 딸아이도 도무지 연락이 닿질 않았다. 쉽게 용서하는 게 아닌데 내가 너무 성급한 결정을 했구나, 후회막급이었다.

어느 문인들과의 식사 자리에서 우연히 그 여자 얘기가 흘러나왔다. 마침 변호사 사무실 사무장이 합석하고 있었는데 그 돈을 받아 준다고 호언장담한다. 나는 그가 요구하는 대로 서류를 보냈다.

의뢰 건은 일사천리로 진행되어 그 딸아이 주소를 알아냈으나 번번이 빈집이었다고 한다. 돈 벌어 엄마 빚 갚는다고 장담하더니 살림을 차린 것 같다고 했다.

변호사 사무실에서 법적 조치를 취한다고 공문을 띄웠고 그 딸아이는 제 엄마에게 그 사실을 알렸다고 한다. 그래도 제 딸이 걸려 있으니 어미라고 제가 갚겠다고 연락을 해 왔다. 이렇게 해서 울며 겨자 먹기로 약속한 금액을 매듭지을 수 있었다. 지긋지긋한 그녀와의 악연이 대장정의 막을 내렸던 것이다.

몇 년 전, 인터넷에서 신작 시집을 상재했다는 그녀의 소식을 접했다. 어느 교회 강단에서 마이크 앞에 정장 차림으로 서 있는 그녀의 모습을 볼 수 있었던 것이다. 또 천연덕스럽게 누구를 타깃으로 사기 행각을 벌이고 있는 것은 아닐까? 문단에서는 이름을 볼 수 없으니 아마 교회 쪽으로 행동 반경을 옮겨 간 건 아닐까 생각했다. 그녀가 방패막이로 쓰는 말은 언제나 한결같이 "성경에 손을 얹고 맹세한다."였다.

내가 사기죄로 고소하기 전 그녀는 이미 '사문서위조'라는 죄목으로 전과자 신분이라는 걸 담당 형사가 알려 주었다. 그러니 재범이라 형은 더 무거울 테고 구속되는 게 무서워 온 식구가 매달려 안달을 한 것 같았다.

빈둥거리는 사실혼의 어린 남자와 남매의 가장으로 아무리 사는 게 힘들더라도 그렇게 살면 안 되는 거였다. 제발 마음잡고 참된 교인으로서 손자 손녀의 재롱을 보며 남은 인생은 행복한 할머니로 살아갔으면 하고 바란다. 끝으로 어느 노시인의 말씀을 인용해 본다.

"시인이 되기 전에 먼저 사람이 되어야 감동을 주는 시를 쓸 수 있다."

내 남편의 집

◇◇◇

 우리는 12년 차 별거 중이다. 지난가을 추석 때는 어쩌다 그만 남편의 집 방문을 거르고 말았다. 수도권이라는 접근성 때문인지 하늘공원과 수목장 입주가 시작되면서 벌초 때나 성묘 때가 되면 교통 혼잡이 극심했다. 교통이 한가해지면 가야지 했는데 이제야 찾게 되었다.

 오래전 자리를 잡은 천주교 공원묘지와 가까이 있는 ○○공원묘지 단독주택을 마련해 나간 남편은 늘 때가 되면 아이들과 내가 술 한 병 들고 찾아 주기를 기다리는지도 모른다.
 그런데 그걸 거르고 말았으니 밀린 숙제를 하지 못한 것처럼 내 마음은 영 찜찜하고 불편했다. 그러나 차일피일 미루다 보니 바쁘고, 비 오고, 춥고, 이유 같지 않은 이유가 연달아 생기는 것도 신기했다.
 그저께 목요일(12/23) 모처럼 봄날같이 포근한 날씨에 시간도 여유가 있었다. 쇠뿔도 단김에 빼랬다고 나는 마트에 들러 간단한 안주와 술을 준비해서 서둘러 남편의 유택을 찾았다. 양주 불곡산 중턱에 자리한 요단강 건너 묏등 마을은 이따금 산새 소리만 들릴 뿐 쥐죽은 듯 적막하다.
 추석 성묘를 걸렀다고 남편은 골이 난 것인지 마누라의

방문에도 모른 척(?) 돌아눕는다.

 어쩌다 그럴 수도 있지. 뭘 잘했다고 투정인지 몰라. 아니, 섭섭하기도 했겠다. 애들도 멀리 사니 일 년에 한두 번 찾기도 어려운데 마누라마저 찾지 않았으니 말이다.

 생전에도 밴댕이 소갈딱지 같았던 남자니까 삐칠 만도 하지. 그러게 이생에서 좀 잘하지 그랬어. 나는 술 한 잔 가득 부어 놓고 바닥에 털썩 주저앉아 주변을 둘러본다. 천주교 공원묘지 저편에서 일가족이 둥글게 모여 앉아 기도를 올리는 모습이 보였다.

 꽃 같은 시절에 이 남자를 만나 평생 함께 가자는 약속을 지키느라 나는 참고 또 참아 냈다. 무지한 부모는 맏아들 하나에 모든 걸 걸었다. 식구들이 이 남자에게 올인해 대학을 보내고 자식 잘되기를 학수고대했다. 다음에는 이 남자가 그 빚(?)을 갚을 차례였다. 조부모님과 부모님 아래 다섯이나 되는 동생들을 건사해야 했던 것이다.

 나는 아무 상관도 없으면서 이 남자를 만난 죄로 그 짐을 함께 짊어져야 할 부담을 안고 살아야 했다. 나의 인내를 시험이라도 하는 것일까. 미안한 구석 없이 당연하다는 듯 그걸 강요했던 시댁 식구들과 이 남자 때문에 나의 생은 연신 혹독한 가시밭길이었다.

 빈손으로 시작한 신혼이라 우리 살기도 바쁜데 기대치에

한참 못 미치는 아들 며느리가 오죽 미웠을까. 맏이 노릇을 제대로 못 하니까 갈등은 심화되어 바람 잘 날 없었다.

그러나 시간은 절대로 혼자 가지 않고 모든 걸 데리고 간다. 세월과 더불어 빛을 발하던 젊음도 지옥 같았던 고통도 강물처럼 다 흘러갔다.

이제 나는 달랑 혼자 남아 이 남자의 무덤 앞에서 지나온 길을 더듬고 있다. 당신 두고 봐요. 담대한 복수를 하고 말겠어. 바글대는 시댁 식구들 속에 마누라를 처박아 놓고 경리과 미스 박과 바람났었던 일 기억하지? 그걸 모티브로 소설을 써서 만천하에 까발리고 말겠어. 내가 못 할 줄 알아요? 당신, 겁나지? 행여나 나 기다리지 말고 고분고분 말 잘 듣는 여자 만나서 깨 털어 가며 재밌게 살구려. 그런 순종적인 여자가 소원이었던 당신.

한 줄기 바람 소리가 고요를 흔들고 새 한 마리가 머리 위를 가로질러 날아간다.

윤희

◇◇◇

　윤희는 용모도 단정하고 얼굴도 예뻤다. 부모님은 세련된 서울말을 쓰는 신식 사람이었다.

　어떤 경로를 거쳐 우리 마을에 정착했는지는 모르겠다. 다만 농촌에 살면서도 땅이 한 뼘도 없고 작은 오두막에 거동이 불편한 할머니를 비롯하여 부모와 언니, 그리고 남동생과 살고 있었다.

　아버지는 지게를 지고 오일장마다 찾아다니며 짐을 져 나르는 일을 했다. 늘 가무잡잡한 피부에 남루한 옷차림이었으나 근면하고 성실해서 동네 사람들은 그를 법 없이도 살 사람이라는 수식어를 붙여 주었다. 그리고 엄마는 앉은뱅이 재봉틀을 가지고 삯바느질을 했다. 풍구질처럼 한 손으로 돌리고 한 손으로 옷감을 밀어 넣으면 달달달 경쾌한 소리를 내면서 박음질을 하던 재봉틀이 신기했다.

　윤희 엄마는 솜씨가 대단했다. 어린 눈으로 봐도 세련된 솜씨로 예쁜 원피스를 만들어 입히면 그녀는 공주처럼 눈이 부셨다.

　윤희는 숱도 많고 윤기가 자르르 흐르는 머리를 길게 양 갈래로 땋아 내리고 다녔다. 날렵한 몸매에 하늘하늘한 원피스를 입고 나오면 우린 넋을 놓고 그녀를 바라보았던 기억이 난다. 겉모습은 충분히 행복한 가정이었고 어린 우리들은 윤희가 선망의 대상이었다.

우리도 자라면서 읍내 국민학교에 입학했다. 나는 눈치로 동네 사람들에게는 윤희네가 결코 부러운 대상이 아니라는 걸 어렴풋이 깨달았다. 윤희 엄마가 사나워서 남편을 쥐고 흔든다고 어른들은 쑥덕거렸다.

윤희는 등하굣길에 아버지를 만나면 모르는 척하고 도망을 쳤다. 까무잡잡한 피부와 깡마른 외모에 맨날 지게를 지고 오일장을 전전하는 아버지가 어린 마음에 창피했던 것이다. 친구들이 물으면 아는 아저씨라고 둘러댔다는 소문이 파다했다.

중학교 입학 후 학교에서 돌아오니 동네가 소란스럽다. 여기저기서 사람들이 수군거렸다. 윤희 엄마가 귀신이 들렸다고 했다. 어느 날 굿을 한다고 동네 사람들이 윤희네 집으로 모여들었다. 나도 어른들 틈새를 비집고 문 앞에 섰다. 방은 비좁고 마루도 없는 집이라 방문을 활짝 열고 구경하러 마당에 모여든 사람이 빼곡하게 들어섰다. 무당이 신나게 꽹과리를 두들기고 칼을 휘두르며 널뛰듯 춤을 추었다. 한바탕 굿이 끝나고 죽은 듯 두 눈을 감고 앉아 있던 윤희 엄마가 오줌을 싸고 있었다. 치마 밑으로 흐르는 오줌을 걸레로 닦아 내며 그녀는 소리 없이 울고 있었다.

그 후 윤희 엄마는 넋이 나간 듯 멍하니 일손을 딱 멈추고 살았다. 어린 그녀는 주부가 되어 살림을 맡게 되었다.

  나는 경찰공무원인 아버지를 따라 서울에서 학교에 다니며 윤희와 점점 멀어지고 있었다. 윤희 언니도 서울에서 무슨 공장을 운영하는 사장이 되었다고 했다. 남동생 대학교도 보내고 마을 기금으로 거액을 쾌척했다고 칭송이 자자했다. 윤희 엄마는 다행히 정신이 돌아와서 살림도 하고 윤희도 도회지로 나가 돈을 번다는 소식이 들렸다.

  세월은 속절없이 흘러서 고향 친구들은 하나둘 시집을 갔다거나 혹은 결혼 날을 잡았다는 소식이 들렸다. 윤희도 사촌 오빠가 대전에서 구두 가게를 운영했는데 단골로 드나드는 고객을 매제 감으로 찍어 놨다가 사촌 누이에게 소개한 남자와 결혼을 했다고 한다. 남자는 대전 시청공무원이라고 했다.

  언젠가 조치원에서 내려 버스를 타려고 정류장으로 가는데 그녀가 포대기로 아이를 둘러업고 남편과 함께 서 있었다. 우리는 반가웠으나 윤희 남편 때문에 잠깐 안부를 묻고 헤어졌다. 키도 날씬하고 호리호리한 그녀와 썩 잘 어울리는 남자였다. 그 후 나도 결혼을 하고 지지고 볶느라 고향 친구들은 잊고 살았다. 어쩌다 바람결에 간간이 소식은 접할 수 있었다.

아이들도 손이 덜 갈 만큼 자랐고 핸드폰이 일반화되자 친구들에게 연락이 왔다. 우선 서울에 거주하는 친구들을 중심으로 일 년에 한두 번씩 만남을 갖기로 했다. 윤희는 인천에서 나는 의정부에 살 때였다. 당시 나는 문단 활동을 하며 애들 육아에 집안 살림을 병행하느라 바쁘게 살고 있었다.

순자가 고급 자동차를 끌고 역으로 나와 우리 일행을 맞았다. 차 안에서 우리는 놀라운 소식을 들었다. 당시 마을 친구들 중 유일하게 대학을 나와 고등학교 교사였던 점순이가 사경을 헤매고 있다는 소식이었다. 괌으로 가족여행을 갔는데 저녁 먹고 쓰러져 의식을 잃었다고 한다. 서울로 옮기려고 해도 여행사 비행기가 탑승을 거절해서 애만 태우다가 어찌어찌해서 헬리콥터를 띄워 서울 병원으로 이송했다고 한다. 아직 애들이 고만고만한데 날벼락 같은 일이 벌어진 것이다.

병원에서는 시간이 없으니 얼굴이라도 한번 볼 사람은 빨리 서둘러야 한다고 해서 그녀도 다녀왔다고 울먹인다. 우리는 함께 슬퍼하면서 저를 어쩌나 혀를 끌끌 차며 안타까워 어쩔 줄 몰라 했다. 그러나 언제 그런 일이 있었느냐는 듯 출출한 차에 살살 녹는 소갈비를 앞에 놓고 게걸스럽게 뜯고 또 뜯었다.

나는 동창회나 고향 친구들 모임 때마다 내가 펴낸 시집을 한두 권씩 들고 나갔다. 진심으로 또는 입에 발린 소리라도 대단하다, 축하한다 등 인사를 한다. 그런데 그녀는 달랐다. 시집을 앞뒤로 살펴보고 책갈피를 넘겨 보더니 말없이 덮고 가방에 집어넣는다.

언젠가 고향에 갔을 때 윤희 올케를 동네 우물가에서 만났다. 잠시 안부를 물으며 담소를 나누던 차에 그녀의 학력을 묻기에 나는 솔직하게 아는 대로 말했다. 자기 남편은 윤희가 명문 ○○ 여고를 나왔다고 하는데 아무리 살펴봐도 흔적도 없고 말이나 글에서도 의심이 간다고 했다. 나는 아차 했다. 쏟아진 물을 주워 담을 수 없었으나 그녀의 입막음을 단단히 시켰다.

그 후 모 일간지 신간 알림 코너를 본 지인들이 축하한다는 연락을 해 왔다. 고향 친구 영애도 그걸 봤다면서 전화를 걸어 왔다. 그런데 안 들었으면 좋았을 소릴 듣고 말았다.

"너 대단하다고 했더니 윤희가 '그까짓 거 별거 아니야. 너희들도 등단하고 책도 내라.'라고 하네. 아무나 하는 것처럼 말이야. 하하, 너를 질투하는 것 같아 어이가 없더라."

나는 그녀가 심한 열등감에 사로잡혀 있다는 느낌이 왔다. 울도 담도 없는 오두막에 매일 눈뜨면 드나들던 집이고 온종일 붙어 살던 소꿉동문데 뭐 숨길 게 있고 감출 게 그리 많을까.

통화할 때마다 자기는 부모의 사랑을 넘치게 받고 자랐다고 했다. 유복한 가정에서 공주처럼 아쉬움 없이 다 누리고 자랐다고 말해 나는 깜짝깜짝 놀라곤 했었다. 모르는 데 가서 거짓말을 해야지, 뻔히 아는 내게 왜 저럴까?

어디서 읽은 '부분적 기억상실증'이라는 단어가 생각났다. 기억하기 싫은 과거의 단편적 기억은 잃어버리고 자기가 꿈꾸는 세계를 상상하고 그 환상이 진짜라고 믿는 것이다. 거짓말을 자꾸 반복하다 보면 본인도 모르는 사이 그게 사실이라고 믿는다는 정신과 의사의 말이 생각났다. 일명 리플리(Ripley) 증후군이라고 불리는데 사전에는 아래와 같이 정의하고 있다.

리플리^증후군[Ripley症候群]
『심리』과도한 신분 상승 욕구 때문에 타인에게 거짓말을 일삼다 결국은 자신마저 속이고 환상 속에서 살게 되는 유형의 인격 장애. 하이스미스(Highsmith, P.)의 소설 ≪재능 있는 리플리 씨≫의 주인공 이름에서 유래하였다. ⇒ 규범 표기는 미확정이다.

나는 그녀의 행복한 착각을 깨고 싶지 않아서 내 생활의 일부인 문단 이야기는 절대로 꺼내지 않는다. 지금도 호스피스로 활동한다는 그녀는 나름대로 사회에 공헌하며 보람 있는 생활을 하고 있었다.

가끔 고향 친구들의 단톡방에서 그녀의 안부를 확인하곤

한다. 나는 거기까지만 하려고 한다. 너무 가까이 지내다 보면 치명적인 상처를 입을 게 뻔하기 때문이다.

어쩌면 그녀는 나를 인정하기 싫어 깔아뭉개고 싶을 테고 나는 그녀의 정체를 낱낱이 들추어 내 가면을 찢어 버릴 것이기 때문이다. 오죽하면 자신의 초라한 과거를 지우고 싶어 저토록 완강히 부정하는 것일까. 그녀가 가여웠다. 유년의 소꿉동무 윤희가 불행한 유년 시절을 잊고 행복하다면 나는 그걸로 족한 것이다.

너를 사랑하고 나는 울었다

◇◇◇

 문자를 클릭하자 방금 전 그녀의 부음이 도착해 있었다. 아마 지금쯤 빈소가 차려지고 유가족들은 오열하거나 오랜 병수발에 지쳐 넋이 나가 눈물도 메말라 담담할 수도 있으리라.
 나는 마음속으로 향을 피워 올리고 하얀 국화꽃 한 송이를 그녀의 영전에 바쳤다. 그리고 경건하게 두 손을 모으고 묵념을 한다.
 잘 가요. 그곳에선 절대 아프지 말아요. 안녕!

 그녀는 병원에서도 치료가 어렵다고 손을 놓은 말기 암 환자였다.
 시 치료사로 일하는 나는 심리적으로 불안한 그녀를 위해 하루 다섯 시간씩 함께 생활하게 된 것이다.
 식탁을 차려 함께 먹고 차를 마시고 살아온 날들을 뒤돌아보며 담소를 나눴다. 그녀가 요구하는 시를 찾아 읽고 내용을 해독하고 시인의 심성을 분석하기도 했다. 단발머리 여고생으로 돌아가 상기된 얼굴로 '윌리엄 워즈워스'의 「초원의 빛」을 능숙한 원어로 술술 암송하던 그녀였다.
 막 부임한 앳된 미남의 국어 선생님이 좋아서 그녀는 시를 가까이하게 되었다며 까르르 소녀처럼 웃었다. 날아가는 잠자리만 봐도 웃음보가 터지는 사춘기의 여고생들에게 나이 차도 별로 안 나는 총각 선생의 출현은 일대의 획기적인 사건이었다.

그녀가 그 총각 선생과의 일화를 떠올리는 순간, 죽음의 그림자에 둘러싸인 시한부 환자의 모습은 씻은 듯이 사라졌다. 어쩌면 인생에서 가장 행복했던 시절로 돌아간 그녀는 풋풋한 여고생이 되어 총각 선생님이 달콤한 목소리로 「초원의 빛」을 낭독하던 그 순간에 머물러 있는 것 같았다. 나는 그녀의 들뜬 모습을 보면서 내 안 깊숙이 잠재웠던 감정이 울컥 치밀어 올라와 깊은 내면의 통증으로 시달린다.

국어 선생님을 연모하던 청순한 소녀는 문학에 심취되어 서울의 모 여대 국문과에 들어갔다. 그녀는 통증이 잦아들면 담담하게 실타래처럼 자신의 이야기를 풀어 냈다.

아, 나는 왜 그녀를 생각하면 가슴이 무너져 내리는 것일까.

여기 적힌 이 먹빛이 희미해질수록
당신의 사랑하는 마음이 희미해진다면
이 먹빛이 마름하는 날
나는 당신을 잊을 수 있겠습니다.

그를 떠나보내고 수없이 되뇌던 구절이다.

"이 먹빛이 마름하는 날 나는 당신을 잊을 수 있겠습니다."

그녀의 고해성사는 계속되었다.

한 해가 저무는 12월 하순쯤이면 Y시는 총 예술인연합회 산하 단체를 총망라한 "예술인의 밤" 축제 한마당이 열렸다. ○○홀이 꽉 들어찰 정도로 커다란 행사였다. 각 지부가 원탁에 둥그렇게 둘러앉아 담소가 한창이다. 식순에 따라 사회자의 진행으로 예총 회장의 인사말이 끝나고 수상자들의 시상이 시작되고 있었다. 화려한 의상에 꽃다발을 안은 수상자들의 얼굴에 웃음꽃이 핀다.

"다음은 민성희 님의 축시 낭송이 있겠습니다. 큰 박수로 맞아 주시기 바랍니다."

이 고요한 신새벽에 홀로 깨어나
경건하게 꿇어앉아 두 손을 모으나니
이 세상 소풍 마치는 날까지
아름답고 견고한 주춧돌 위에서
오늘의 소중하고 참다운 인연을
굳건히 이어 가게 하소서
우리들의 넉넉한 가슴속에
영롱한 보석처럼 간직하게 하소서
반목과 갈등을 봄눈처럼 녹여 내고
신망과 신의를 도탑게 하소서

진솔한 마음을 오롯이 담아낼 수 있는
행복한 둥지가 되게 하소서
늘 해맑은 웃음꽃 환하게 피어나는
반짝반짝 윤택한 삶이게 하소서
이 고요한 새벽에 홀로 깨어나
경건하게 꿇어앉아 두 손을 모으나니
묵은해를 접는 아쉬운 길목에서
끝없이 펼쳐진 저 순결한 백지 위에
이제는 한 치의 오차도 없이
힘차게 한 획을 긋도록 하소서

「소망」 임솔희 作

 그녀는 우레와 같은 박수갈채에 싸여 천천히 제자리로 돌아와 앉았다. 그리고 그의 문자 한 통을 받았다. 이 행사가 끝나고 지하 주차장에서 기다리겠다는 내용이었다. 왠지 거절하면 안 될 것 같은 통첩(?)인 양 메시지는 강한 힘이 들어 있었다.
 그녀는 피식 웃었다. 알았다고 가볍게 답문을 보냈다. 그리고 미협 쪽으로 시선을 옮기자 그가 손가락으로 OK 사인을 보내며 눈짓을 했다. 순간 전율이 그녀의 온몸을 감싸고 돌았다.

20대 후반의 남자와 20대 초반의 여자가 위험한 사랑을 시작했다. 만나서 밥을 먹고 차를 마시고 릴케와 로댕을 치열하게 해부했다. 겉으론 누가 봐도 전혀 이상할 게 없는 평범한 데이트를 즐기며 만남을 이어 갔다. 여섯 살 연상의 남자를 눈(目)에 담기 시작하면서 그녀의 생활은 날마다 윤택해졌다. 세상은 더없이 아름다웠고 너그러웠으며 풍요로운 삶을 그녀에게 선물했다.

  어느새 그녀는 단 한 사람의 주인을 위하여 팽팽하게 조율된 악기가 되어 있었다. 그의 손가락 끝이 몸에 닿으면 잠자던 세포가 일제히 일어나 현을 타고 아름다운 선율이 흘러나왔다. 잘 숙련된 연주자가 익숙하게 악기를 연주하듯 섬세한 손가락이 건반 위에서 나비가 날 듯 리드미컬하게 미끄러진다. 때론 부드럽게 때론 강하게 악기는 천상의 소리를 냈다. 그의 달콤한 속삭임과 거친 숨소리와 손가락 동작 하나하나가 쏘아 올린 화살은 정확하게 그녀의 심장을 파고들어 말초신경 깊숙이 박혔다.

  "당신은 천생 여자야. 작고 하얗고 부드러워."

  그는 그녀의 어깨를 감싸 안으며 나직하게 속삭이곤 했다.

  조형미술을 하는 그의 작업실은 기계나 연장 같은 것들로 채워져 있었다. 깎고 자르고 다듬는 데 필요한 것들로 어수선했다.

"심란하네. 우린 원고지와 펜만 있으면 되니 얼마나 좋아."

그녀의 말에 그는 옥수수처럼 가지런한 하얀 이를 활짝 드러내며 씩 웃었다. 그럴 때마다 그에게선 갓 양치를 끝낸 듯 신선한 박하 향기가 묻어나왔다.

작업실 한쪽으로 책장과 냉장고와 침대가 놓여 있었다. 책장을 훑어보다가 그녀의 시집이 꽂혀 있는 게 보였다. 그녀가 시집을 꺼내 들자 그가 촉촉한 목소리로 시 한 편을 노래한다. 그녀가 다음 구절을 나직나직 적당한 강약의 조절로 시 낭송은 절정을 향해 치닫는다. 그가 다가와 두 팔로 그녀의 어깨를 끌어당겼고 그녀는 자석처럼 그에게 스며든다.

아아, 우리는 도대체 어디까지 살얼음판을 딛고 이 위태로운 항해를 계속하려 하는가? 여자는 자신에게 닥쳐올 불행을 까맣게 모르고 남자는 애써 외면했다.

내가 그를 사랑하는 일이
누군가의 가슴을 미어지게 하는 일이라면
나는 분명 죄인입니다

그가 나를 사랑하는 일이
누군가의 마음을 무너지게 하는 일이라면
그도 분명 죄인입니다

그걸 알면서도
서로를 목숨처럼 사랑하는 일이 죄가 된다면
우린 기꺼이 십자가를 짊어지겠습니다
내가 그를 사랑하고 사랑받는 일이
해가 지고 별이 돋는 일처럼 사소한 일이겠으나
우린 이 순간을 위해서 어제가 있었고
또 내일이 존재할 뿐 다른 의미는 없습니다

아, 시월의 마지막 밤이 깊었습니다
낙엽을 날리던 바람마저 잠들어 있는 시간에
나는 호올로
그를 사랑함에 한 치의 소홀함도 없기를
경건하게 기원합니다

창밖엔 가을이 한창입니다
우리 사랑도
어느 땐가는 저렇게 낙엽이 되어
덧없이 흩어져 버릴 것입니다
또 다른 사랑이 태어나듯이
우리 사랑도 저렇게 지고 말 것을 압니다
그걸 알면서도 우린 이 순간을 머물지 못하고
서럽게 서럽게 흘러갑니다

우리가 사랑을 윤택하게 하는 일이
누군가를 야위게 하는 일이라면
우린 어쩔 수 없이
주홍글씨를 달고 살아가겠습니다

「너를 사랑하고 나는 울었다」 임솔희 作

 섬세하고 촉촉한 감성을 가진 그녀는 수선화의 이미지처럼 청순하고 단아했다. 죽음을 눈앞에 둔 사람이 어쩜 저렇게 초연할 수 있을까? 모든 걸 다 내려놓고 천국으로 가는 특급열차 티켓을 예약해 놓은 그녀는 담담하고 쓸쓸하게 웃었다. 이미 모든 것을 받아들이고 주님에게 의지한 그녀는 너무 침착해서 죽음을 목전에 둔 환자라는 사실을 가끔 잊게 한다.
 때때로 통증이 밀려오면 부리나케 방으로 들어가 방문을 닫아 걸었다. 잠금장치의 찰칵하는 금속성이 날카롭고 차갑게 고막을 흔들어 놓는다. 그녀는 수건으로 입을 틀어막고 홀로 통증을 견디고 있을 터, 가녀린 신음이 문틈으로 새어 나왔다. 그럴 때면 무기력한 나는 잠긴 문을 두드리며 발만 동동 구를 뿐 마땅히 해 줄 수 있는 게 없었다.
 남편이나 두 아들, 심지어 그녀의 불안한 심리를 안정시키고자 고용된 내게도 철저하게 고통으로 일그러진 자신의 모습을 보이지 않으려 애썼다.

이제 겨우 54년을 살아온 그녀.

슬하에 두 아들을 낳아 키운 그녀.

작은아들 짝을 맺어 주지 못하고 떠나는 것을 가슴 아파한 그녀.

회한이 밀려올 때면 그녀는 자신이 살아온 지난날을 푸른 하늘에 깔아 놓은 하얀 구름 카펫처럼 활짝 펼쳐놓기도 했다.

"선생님, 그 남자는 다른 여자와 동거하면서 나를 만났던 거죠."

어느 날 동거녀가 학교로 찾아와 모든 내막을 알게 된 그녀는 독한 마음을 먹고 헤어질 결심을 했다. 그러나 그 남자가 죽어 버리겠다며 다량의 수면제를 복용하고 병원으로 실려 가는 바람에 한바탕 소동이 일었다.

국어 선생님을 향했던 순수한 여고생의 플라토닉 러브는 무지개의 환상이었다. 그런데 대학 시절 한창 불태웠던 청춘 남녀가 남긴 상처는 깊고 아렸다. 그 남자의 배신 때문에 아름다운 미래는 산산조각이 났다면서 그녀는 쓸쓸하게 웃었다.

그땐 이미 몸속에 아이가 자라고 있었는데 그녀는 혼자 낳아서 키울 작정을 했다. 사태가 심각한 걸 직감한 그의 어머니가 궁여지책(窮餘之策)으로 동거녀에게 거액의 위자료를 건넸다. 지폐의 위력은 대단했다. 꿈쩍도 않던 동거녀가 보따리를 쌌던 것이다. 성희의 배가 불러 오자 양가에서는 결혼식을 서둘렀고 그녀는 체념 상태에서 흘러가는 대로 자신을 맡겼다.

남편과의 결혼생활은 10년 남짓했다. 그 후로도 남편의 습관성 바람기 때문에 그녀의 속은 문드러졌다.

"선생님 제가 벌을 받나 봐요. 애들에게서 아빠를 떼어 내고 나를 위해 이혼을 했으니 이렇게 죽을병에 걸렸나 봐요."

그녀는 바람둥이 남편이 너무 속을 썩여 이혼 서류에 도장을 찍고 호적에서 이름을 지웠다.

그녀는 오로지 애들만 바라보고 발이 부르트도록 뛰어다녔다. 고된 생활에 지쳐 갈 무렵이었다. 어느 날 이혼한 남편이 술을 마시고 찾아와 짐승처럼 울부짖었다. 그녀는 잘못했다고 싹싹 비는 남편을 순전히 두 아들 때문에 다시 받아들였다. 이미 부부의 정이라고는 추호도 남아 있지 않았으나 아직 사춘기의 남자애들을 감당하기 버거웠던 그녀는 오로지 애들만 생각하기로 했다. 이 남자와의 이혼이 나를 위한 것이었다면 재혼은 순전히 아이들을 위한 것이었다며 그녀는 시니컬하게 웃었다.

심적 방황을 하는 애들에게 아빠를 찾아 주고 싶었다는 그녀. 그러나 다시 안정된 생활을 하는 것처럼 자신을 속이며 살았으나 그녀의 운명은 가혹했다.

어느 날 몸의 이상한 기운을 감지하고 불길한 예감으로 병원을 찾았을 땐 이미 손도 쓸 수 없을 만큼 깊이 뿌리내린

병마가 그녀를 덮쳤던 것이다. 자기 때문에 아내가 몹쓸 암에 걸렸다며 무릎을 꿇고 오열하는 남편 앞에서 오히려 그녀는 담담했다.

"선생님, 그 남자가 어깨를 들썩이며 흐느끼는데 얼마나 측은하던지 봄눈 녹듯 쌓였던 미움이 싹 사라졌어요. 다시는 안 봐야지, 하며 용서는 가당치도 않다고 수없이 다짐했거든요. 그런데 그런 남편이 차암 불쌍했어요."

나는 그녀를 알 것 같다.

"참 잘했어요. 용서해야 내가 편하다는 걸 이미 알고 있는 성희 씨는 참 지혜롭고 현명하세요."

그래도 남편이 있어 애들을 두고 가는 마음이 조금 놓인다고 말했다. 이제 남편이 아내에게 진 빚을 남겨질 두 아들에게 갚아 가기로 약속했다고 쓸쓸히 웃던 그녀의 미소가 진한 슬픔으로 젖어 있었다.

극심한 통증이 몰려오면 빨리 데려가시라고 기도를 한다는 그녀가 역설적이게도 내게 매달릴 때가 있었다.

"선생님, 나 좀 살려 줘요. 살고 싶어요."

죽음의 그림자가 시시각각 눈앞에 아른거릴 때면 그녀는 몸을 떨었다. 나는 말없이 그녀의 어깨를 안아 주었다. 그리고 나직이 중얼거렸다.

"괜찮아요. 겁내지 마. 누구나 다 가는 길인데요. 천국에서 당신이 꼭 필요한가 봐요. 그래도 포기하지 마세요. 끝까지 살아남겠다는 일념으로 희망도 내려놓지 마세요. 내가 도와줄게요."

종종 목사님이 방문하면 나를 옆에 앉히고 함께 예배를 보게 하던 그녀였다. 나는 할 줄도 모르는 기도를 하려고 두 손을 모았다. 진심으로 간절하게 그녀가 편한 길을 갈 수 있기를 빌었다. 주님의 뜻대로 하시되 그녀의 고통을 덜어 달라고, 가볍게 날아갈 수 있게 해 달라고 기원했다.

그녀는 시간이 얼마 남지 않았다고 믿기 때문인지 늘 쫓기듯 떠날 준비를 했다. 아이들과 남편의 겨울 옷가지나 이불 빨래, 커튼을 떼어 내 세탁소로 보냈다. 그리고 아이들 방을 매일 쓸고 닦는다고 했다. 이승을 떠날 채비를 서두르는가 싶어 나는 초조하고 불안했다.

어느 날 불현듯 그녀가 이별을 통고했다. 마지막 삶을 정리하던 그녀가 실낱같은 희망을 품고 포천의 어느 기도원으로 떠난다고 했다. 우리는 이승에서의 하직 인사를 했다.

"꼭 건강해져서 다시 돌아온다고 약속할까요? 우리 꼭 다시 만나요."

"반드시 살아 돌아와 다시 부를 테니 선생님 그때도 와 주실 거죠?"

우리는 흐르는 눈물을 주체할 수 없어 한참을 그렇게 부둥켜안고 침묵했다.

다음 날 내가 그녀의 집을 방문했을 때 그녀는 한결 편안한 표정으로 밝게 웃어 주었다. 그녀는 내가 일한 보수를 하얀 사각봉투에 넣어 장미꽃 바구니에 담아 놓고 유명 브랜드의 손지갑을 선물로 준비해 두고 있었다.

"선생님, 그동안 감사했어요. 저 꼭 건강해져서 돌아올게요."

"성희 씨, 희망의 끈을 놓으면 안 돼요. 우리 다시 만나자는 약속도 반드시 지켜야 합니다."

폭설이 세상을 하얗게 덮어 버린 날 그녀는 포천의 기도원으로 떠났다.

쌓인다 너와 함께
할 수 없는 슬픔이

빙글빙글 돌다가
파르르 파르르 떨다가
사뿐히 내려앉는 슬픔

쌓인다 네 곁으로
갈 수 없는 그리움

허공을 맴돌다
지쳐 버린 몸짓으로
조용히 내려앉는 그리움

문득 하늘을 보면
아득한, 캄캄한

「폭설」 임솔희 作

   나는 저장해 둔 그녀의 전화번호와 사진을 보면서 그녀의 안부를 걱정했다. 그리고 두 달이 넘어갈 즈음 그녀의 부음이 날아들었다. 그런데 한걸음에 빈소로 달려가고 싶은 마음과 단지 몇 달간의 고용인이었을 뿐이라는 두 마음이 갈등했다. 그러나 그녀와 나누었던 영혼의 세계를 가볍게 희석시키고 싶지 않았다.
   "저 여자가 주제넘게 왜 여기에 나타나 눈물을 흘리나." 어쩌면 이런 수군거림이 두려웠는지도 모르겠다. 우리는 서로 스며들어 한 치의 거짓 없이 절실하게 진심을 다했던 시간이었다. 이런 관계가 시간과 공간을 초월해 얼마나 끈끈하게 얽히는지를 대다수의 사람들은 이해할 수 없으리라.
   나는 결국 주저앉고 말았다. 언젠가 그녀가 잠든 곳을 찾아서 술 한잔 올릴 수 있는 날이 오기를 빌었다. 그때가 되면 말하리라. 내가 그대의 빈소를 찾아 배웅하지 못해 얼마나 안타까웠는지를 조곤조곤 설명하리라. 나는 그녀를 위하여 윌리엄 워즈워스의 「초원의 빛」을 가만가만 읊조리며 두 손을 모았다.

초원의 빛이여!

꽃의 영광이여!

다시는 그 시간이 돌아오지 않는다 하더라도 서러워 말지어다

그 속 깊이 간직한 오묘한 힘을 찾으소서

초원의 빛이여! 빛날 때 그대 영광 빛을 얻으소서

  밤하늘에 별이 된 그녀를 때때로 떠올리면 지금도 가슴이 무너져 내린다. 이 세상에 영원한 것은 아무것도 존재하지 않기 때문에 그리움은 더 애달픈 것일까. 나는 밤하늘을 올려다보며 가장 빛나는 별 하나를 골라 놓고 그녀의 이름을 나직하게 불러 본다.

  성희 씨 잘 있나요. 천국에선 부디 건강한 몸으로 늘 웃으며 지내세요. 이 세상에서 누리지 못한 모든 행운을 그곳에서 맘껏 누리길 빕니다.

  안녕.

말이 씨가 되었다

◇◇◇

내 영혼이 사는 집은 낡고 허름하다. 10여 년 전부터 연중행사처럼 허리 통증이 1년에 한두 차례 찾아와 며칠씩 머물다 갔다. 엊그제 여동생과 통화를 했다. 이상하게 근래 2년간 허리가 멀쩡하네, 하면서 아마 다 나은 듯하다고 자랑 아닌 자랑을 한 게 화근이 된 걸까?

말은 씨가 되어 잽싸게 싹을 틔웠다. 꼼짝없이 며칠은 누워 지내야 하는 신세가 되고 말았다. 친정 올케가 가슴 수술을 했다. 병문안 겸 홀로 쓸쓸한 명절을 보내기도 싫어서 겸사겸사 귀향하는 조카 차에 동승을 예약하고 준비를 했었다. 조카와 오빠들과 모처럼 친정 선산에 성묘도 하겠다고 마음먹었는데 물거품이 되었다. 예고도 없이 불쑥 그분이 오셨기 때문이다. 욱신욱신 통증이 시작되었다. 우선 파스를 붙이고 밤새 끙끙 앓고 날이 샜다. 아침 식사 후 서둘러 동네 정형외과에 가려는데 허리를 펼 수가 없다. 깊숙이 넣어 둔 등산용 스틱을 꺼내 짚었더니 영락없이 꼬부랑 노인이 되어 있었다. 이웃들 만나면 말대답하는 일이 번거롭다는 생각에 지팡이를 던져 버리고 집을 나섰다. 몇 걸음 걷다 말다 하며 사력을 다해 가까이 있는 병원에 도착했다.

"선생님, 너무 아프니 우선 진통제 좀 놔 주시고 휴일 동안 복용할 약 처방해 주셔요."

그간의 이력이 적혀 있는 차트를 바라보던 의사는 내 말대로 해 주셨다. 물리치료는 사양했다. 사이사이 펄럭이는 천막이 칸으로 막아 놓고 몇십 분씩 누워 있는 게 찜찜했다.

요 입이 방정을 떨었지. 건망증으로 까맣게 잊고 있었던 그분이 얼른 알아듣고 미친 듯 달려오셨으니 말이다. 어쨌든 내게 오신 손님이다. 감히 문전박대는 할 수 없으니 살살 달래 가면서 며칠 푹 쉬게 해 드리고 잘 대접해 보내 드려야겠다.

신이시여! 모처럼 친정 나들이한다고 거금 3만 원 들여서 머리 손질도 했습니다. 한가위 휘영청 달 밝은 밤에 구들장 지고 누워 있어야 한다는 게 말이 된다고 생각합니까.

엄마는 生前에 단 한 통의 편지를 썼다

◇◇◇

64014343

참 이상도 하다. 이제 총명도 흐려지는 지점이라 시속 100킬로미터는 달리는 지점에 와 있다. 이 나이에도 사용한 지 반세기가 지난 저 숫자는 또렷하게 뇌리에 각인되어 있으니 말이다. 편지 겉봉투의 주소와 이름 앞에 썼던 작은 오빠의 군번은 그렇다 쳐도 전화번호 이삼백 개 정도 머릿속에 저장하고 살았던 시절이다.

나보다 4살 위 오빠는 어려서도 나에 대한 사랑이 각별했다고 엄마는 종종 말씀하셨다. 나의 중학교 입학 때 부모님은 교복도 3년 내내 입을 것을 고려해 큼직한 것으로 골라 주셨다. 유난히 작은 몸집에 소매는 한 번 걷어야 했으며 스커트는 발목 위까지 치렁치렁 거추장스러웠다. 나는 늘 불평이었다. 길이 좀 잘라 달라고 해도 쇠귀에 경 읽기였다. 할머니는 한술 더 뜨셨다.

"엎드리면 엉덩이가 다 나오게 짧게 자르면 뭐가 좋니?"

그때 고등학교에 다니던 작은 오빠가 스커트를 가져오라고 했다.

"얼마만큼 자르면 되니?"

나는 냉큼 자로 재서 접었다. 오빠는 재봉틀을 열고 내가 원하는 길이로 자르고 달달달 박음질을 해 주었다.

그런 오빠가 입대를 했다. 나이 차도 없고 연애편지도 몰래 뜯어 본 걸 알면서도 서로 묵인해 주는 사이였다. 나는 이 오빠에게 수시로 편지를 썼다. 주위의 안부를 전하기도 하고 내 친구를 소개도 했다. 그러나 오빠에게 청천벽력 같은 병마가 찾아들었다. 지금이야 약이 좋아 쉽게 고치는 병이다. 그러나 당시엔 무서운 전염병인 '결핵'이라고 했다. 오빠는 병역 의무 기간을 다 채우지 못하고 결국 의병 제대(依病 除隊)를 하고 말았다.

군에 간 자식이 병들었다니 애가 탄 엄마는 평생 처음으로 지식을 총동원해 편지를 썼다. 삐뚤빼뚤한 글씨에 맞춤법도 엉망이었으나 애끓는 어미의 심정만은 세상 누구에게도 지지 않을 명문장(?)이 아니었을까 짐작한다. 그 편지를 돌려 읽으며 내무반 동료들이 모두 흐느껴 울었다고 했다. 처음에는 여기저기서 훌쩍이더니 들불처럼 번져 어깨를 들썩이며 울음바다가 되었다고 한다. 심지어 꺼이꺼이 목 놓아 우는 병사도 있었다니 그 순간만은 모두가 내 아들이며 나의 어머니였을 것이다.

여자가 글을 배우면 시집가서 힘들 때 친정에 편지 쓴다고 글을 못 배우게 했다던 외가였다. 그래도 글을 읽고 싶은 욕망은 컸다. 집안 어른들 몰래 독학으로 겨우 한글을 익힌 엄마다. 집안일을 하는 틈틈이 외삼촌들의 책을 읽다가 들키면 혹독하게 경을 쳤다는 가여운 엄마다.

그 여인은 세상에 태어나 처음이자 마지막으로 군에 가 병을 얻은 둘째 아들에게 연필에 침을 발라 가면서 꾹꾹 눌러 편지를 썼다. "사랑하는 내 아들아."로 시작되었을 애끓는 모정의 피눈물로 쓴 단 한 통의 편지는 어디로 사라졌을까?

으라차차

두엄 옆에서 한 여자가
지구를 가뿐하게 들어 올리고
두 손의 흙을 탁탁 털어 냅니다
여전히 아랫도리는
땅속에 묻어 둔 채로요

눅신한 봄날
썩은 감자 한 바가지 쏟아부은 자리에
꽃 한 자리 너끈히 피워 낸 그녀
시집가서 편지 쓴다고
모질게 까막눈을 만들어
어머니를 키웠다는 외할머니는
어머니가 기역 니은을 익혀

편지질도 했다는 걸 모르셨나요

끼니 사정이 절박한데도
행여 자식들 눈 뜬 봉사 될세라
늘 저것들 눈이나 밝혀 주는 게
유일한 소망이었던 어머니
나도 저승에 가면 이승으로
꽃 한자리 밀어 올릴 수 있을까요
다 곯아 터진 몸을 열어
씨눈을 틔운 어머니

속절없이 내가 부끄러웠다가
가여운 어머니가 그리워져서
닭똥 같은 눈물방울 후드득 떨구다가
닭똥 거름 한 삽 푸욱 떠서
그녀의 밥상머리에 묻어 주었습니다
어여 힘내 새끼들 튼실하게 품어
눈이라도 밝혀
환한 세상 살 수 있도록 해야지요

「감자」 임솔희 作

　지금은 백골이 진토 되어 있을 나의 어머니가 그립고 또 그리워서 시야가 뿌옇게 흐려 온다.

문득 그녀가 그리워서

◇◇◇

예전에 아이들 유치원 다닐 때 옆집에 젊은 엄마가 이사와 이웃이 되었다. 남편은 백인으로 미국 사람이고 '지미'라는 대여섯 살 남짓한 남자아이와 갓난애가 딸린 가족이었다. 그 남자애는 이혼한 전 남편과의 사이에서 태어났다고 한다. 당시 현 남편은 총각으로 애 딸린 여자와 결혼했던 것이다. 남편은 고급장교인데 한국으로 파견되어 나왔다고 했다. 여자는 전남편과 친구처럼 지내며 양육비 문제로 수시로 연락도 한다고 했다. 그 시절에 그 일은 신선한 충격으로 다가왔던 기억이 난다. 더구나 혹 달린 이혼한 몸으로도 저런 이상적인 남자를 만날 수 있다니.

지미 엄마는 가끔 남편이 근무하는 부대로 들어가 생필품을 가지고 나오는 날 저녁 무렵에 동네 엄마들을 불러 모았다. 그녀는 다 모였는지 체크를 끝내고 나면 빙 둘러앉은 가운데에다 보따리를 풀었다. 그런 후 서로 의논해서 필요한 물건을 챙기는 것이다.

"이번에 커피는 내가 할게. 똑 떨어져서 며칠째 커피를 못 마셨어."

"나는 주스가 필요해. 이 버터랑 바꿔 주면 안 될까?"

가장 인기 있는 상품은 커피와 양주였다. 소시지와 햄도 선호도가 높았다. 질서정연하게 판매가 이루어졌다. 우리는 커피 한 잔씩 얻어 마시며 담소를 나누는 것도 아이 키우며 지지고 볶는 일상에서 유일한 낙이었던 셈이다. 가짜 미제가 판치던 시대에 우리는 그녀 덕분에 손쉽게 진짜를 접할 수 있었다.

어쩌다 미군부대 근처에서 직업여성으로 살다가 첫 남편을 만나 미국행을 했던 그녀. 그리고 파경을 맞아 낯선 나라에서 아이와 덩그러니 남겨졌을 그녀. 그래도 새 남편을 만나 다시 가정을 꾸리고 고국으로 돌아왔던 그녀. 스펠링(spelling)은 몰라도 유창한 영어를 구사하던 그녀. 파리를 "퍼리"로 발음하는 게 멋져 보여 웃으며 따라 하게 했던 그녀. 영화배우처럼 희고 긴 손가락에 담배를 끼우고 세련된 폼으로 담배 연기를 뿜어내던 그녀.

그녀는 지금 어느 하늘 아래서 견고한 뿌리를 내리고 다복한 삶을 누리며 늙어 가고 있을까?

문득문득 그녀가 생각난다.

빌어먹을 놈과 구세주

◇◇◇

안녕하세요. Daum메일 서비스 담당자입니다.
2022년 10월 1일 이후 Daum 로그인 기능이 카카오 계정으로 일원화됩니다.
카카오 계정으로 통합하지 않으시면 10월 1일 이후 Daum 아이디 로그인은 불가합니다.
지금 현재 사용 중인 다음 계정을 계정 통합을 해 두시면 10월 1일 이후에도 불편 없이 Daum 메일을 사용하실 수 있습니다.

   이 안내문은 컴퓨터만 열면 거의 일 년째 어서 통합하라고, 이제 다음으로 로그인이 안 된다고 엄포를 놓는다. 지금 할래, 이따 할래, 종주먹을 대도 미루고 미루다 더 이상 미룰 수 없는 골목 끝에 닿았다. 이젠 컴퓨터뿐 아니라 휴대폰으로도 카페를 클릭하면 커다란 안내 문구가 카페를 딱 막아섰다. 종종 통합하는 과정에서 카페가 안 보인다고 새로 가입하는 사람들을 봤다. 당장 메일이나 카페에 못 들어가면 문단 활동이 마비되는 나로서는 공포감마저 느낄 정도로 부담이 되었다. 하여 조심스러워 손댈 엄두도 못 내는데 시일은 촉박하게 다가오니 걱정이 태산이다. 동갑내기 순희는 분당에 있는 카카오 사무실을 찾아가 이 문제를 해결했다고 한다. 수경이는 카페나 블로그에 있는 글이 행여 날아갈세라 다 어디로 퍼 날랐다나…. 대개 인터넷에 익숙지 못한 우리들의 비애다.

누가 휴대폰을 산 대리점에 가 보라고 했다. 마침 내일부터 추석 연휴라 재빨리 휴대폰 대리점으로 갔다. 내 얘기를 듣는 둥 마는 둥 하던 젊은 직원 녀석이 뭘 건드려 놓고 다 되었다고 지랄을 떠는데 불안이 엄습해 왔다. 내가 아무리 인터넷에 무식해도 저렇게 간단한 문제는 아니라는 걸 직감으로 안다. 인증서 받고 생년월일 채워 넣고 등등 절차도 없이 다 됐다고 하네. 헐. 아무리 설명을 해도 그 녀석은 건성건성이다.

"이 빌어먹을 놈아."

속으로 욕 한 바가지 해 주고 나오는데 아뿔싸 그놈이 괜히 긁어서 부스럼만 냈구나. 카페도 메일도 안 열리고 자꾸 카카오 로그인을 하라고 지랄 염병을 떠네. 옛날옛날에 조카인가, 딸내미가 카톡을 쓸 수 있게 해 준 기억만 어렴풋이 나는데 내가 계정 따위를 알겠는가? 이놈들아. 나보고 어쩌란 말이냐. 답답하고 막막했다. 그러나 하늘이 무너져도 솟아날 구멍 있고 궁하면 통한다고 했던가? 단골 미용실 딸 같은 젊은 헤어디자이너가 생각났다. 나는 그리로 발길을 돌렸다. 마침 손님이 한 분뿐이라 기다렸다. 어쩜 그리 손도 빠르게 사근사근 친절한지 금방 뚝딱뚝딱 도깨비방망이가 따로 없이 시원하게 해결해 준다. 얼마나 고마운지 눈물이 다 핑 돈다. 나의 구세주에게 맛있는 고깃집에 가서 고기라도 실컷 먹게 사 줘야겠다.

그 빌어먹을 젊은 녀석은 폰 매장에 뭐 하러 폼 잡고 앉아 있는지 몰라. 나도 잘못 건드리면 카페나 메일이 정지될까 봐 전문가를 찾았던 건데 제멋대로 건드려서 우려하던 일만 만들다니 뭐 그런 놈이 다 있나? 그래 놓고 다 됐다고 그냥 가라고 귀찮다는 표정으로 지랄을 떨다니 어이가 없다. 선불리 건드려서 탈만 나게 하다니 내가 그 정도를 못 해서 네게 갔겠느냔 말이다.

아놔. 송편도 아까우니 쑥떡이나 먹어라.

아냐시오를 보내며

◇◇◇

그녀가 졌다는 비보가 멀리 바다를 건너왔다. 홀연히 세상을 떠난 그녀를 애도하는 친구들은 이제 죽음이 결코 남의 일이 아니라는 걸 직감한다.

언제 꽃잎처럼 스러져 갈지 모르는 게 우리 인생이다.

우리는 만나면 저마다 같은 말을 입에 올리곤 한다. 요지는 차근차근 이승의 종착역을 떠날 마무리를 해야 한다는 것이다. 지저분한 모습을 보이지 말고 떠난 자리가 정갈해야 한다는 것이다.

세례명으로 불리던 '아냐시오'는 고생을 모르고 자랐다.

그 유명한 "이명래 고약" 창업주의 손녀딸로 태어난 그녀는 미국에서 생을 마감했다.

돈다발을 싸 들고 세계 곳곳을 누비며 굶주린 사람들에게 밥을 주고 병든 사람들을 치료하며 일생을 살다 간 그녀의 숭고한 사랑 앞에 한없이 숙연해진다.

돈이 있다고 누구나 할 수 있는 일은 아니라는 걸 알기에 그녀를 우러러보는 것이다.

친구여 부디 잘 가라. 영원한 영면에 들기를.

弔詩
- 아냐시오 영전에 삼가 올립니다.

하늘도 땅도
눈물도 얼어붙은 차디찬 언 강을
그대여 마침내 건너고 있는가

입속을 맴돌며 차마 뱉어 놓지 못한 말
친구여 잘 가시게
환한 세상 천국에서 활짝 피어나시게
이승의 무거운 짐 모두 부려 놓고
훨훨 날아서 승천하시게

친구여 함께여서 우리는 행복하였네
진정 행복하였네
하나둘 떠나가는 친구들을 배웅하며
다시 만날 것을 믿기에
결코 슬프다 하지 않겠네

바람결인 듯 가볍게 부음을 듣고
몇 마디 글자로 작별을 고하노니
허무하기 그지없어라
친구여 꽁꽁 얼어붙는 한파가 몰아쳐도
부디 가시는 길 평안하시게

임솔희 作

하늘 한번 올려다보니

◇◇◇

　층층시하에서 자유가 몹시도 목말랐던 때가 있었다. 할머님 돌아가시고 이어 아버님도 돌아가시자 내 의견은 묻지도 않고 남편은 어른들과 합가를 결정해 버렸다. 안동 남자랑 결혼해 아이들 셋 뒷바라지에 홀 시어머님에 홀 시할아버님, 노처녀인 막내시누이까지 정신없이 살던 때가 있었다.

　나는 밥상 차리다 젊은 시절을 다 흘려보냈다. 집에 계신 어른들 1부 저녁 식사 끝내고 설거지를 마치고 나서 다시 2부가 시작되었다. '야간 자율 학습' 때문에 늦은 귀가는 일상이 돼 버린 두 아이가 빈 도시락 각각 두 개씩 풀어 놓고 늦은 저녁을 먹고 나면 밤 12시 무렵 또 한 차례 싱크대에 설거지 거리들이 넘쳐 난다. 그거 다 치우고도 잠자리에 들지 않고 식탁에 앉아 쌓인 하루치의 감정을 배설해 냈다. 대학 노트 한 권과 볼펜 한 자루가 밑천의 전부였다. 그런 글쓰기는 빡세게 돌아가는 생활에 지치지 않고 힘을 낼 수 있는 원동력이 되어 주었다.

　1997년에 첫 시집을 상재하고 2002년도에 두 번째 시집을 출간했다. 그때마다 남편은 비행기표를 예약하고 숙소를 잡아 여행을 보내 주었다. 아내에 대한 미안한 마음을 그렇게 표현하고 배려했던 것이다. 어떤 모습으로 살든 다 장단점은 존재한다는 사실에 직면했다. 이 나이가 되어서야 비로소 깨닫게 되는 사실에 쓴웃음을 짓는다.

그땐 하늘이 저리 다양한 그림을 그려 놓는다는 걸 모르고 살았다. 하늘 한번 올려다볼 여유가 없었으니까 말이다.

온 동물 가족이 부모님 앞에 모여 정담을 나누는 것 같은 따뜻한 그림 한 점은 구름이 하늘이라는 캔버스에 그려 놓은 최고의 걸작이 아닐까 한다.

즐거운 장례식

◇◇◇

시어머님은 전형적인 한국의 며느리로서 그 고추보다 맵다는 시집살이로 모진 삶을 사신 분이다. 남편의 말을 빌리면 어머님은 당신이 겪은 시집살이를 절대로 대물림하지 않겠다고 하셨단다, 그걸 다 믿은 건 아니지만 그래도 고스란히 내게 전수(?)하실 줄은 상상도 못 했었다.

어떤 심리학자는 시집살이는 그대로 내려갈 수밖에 없다고 한다. 그르다는 걸 알면서도 보상심리라는 게 있어서 자기가 겪은 대로 흘러간단다. 맞는 말이다. 사랑받았던 며느리는 자신의 며느리에게 사랑을 되돌릴 줄 아는 너그러움이 있다. 그런 면에서 나는 아들이 없다는 게 참 다행이었다. 내가 남의 귀한 딸 데려다 죄짓지 않아도 되니 아주 잘되었다고 안도했다.

나는 어릴 적부터 잔병치레가 심해 늘 병약했다. 하여, 힘든 일은 엄두도 낼 수 없으니 시댁에서도 부릴 생각은 아예 접으셨던 것 같다. 시집살이가 몸이 힘들거나 한 건 아닌데 마음고생이 이만저만이 아니었다. 이 좁은 나라에서 충청도와 경상도 사이에 언어 소통이 막혀 통역이 필요할 정도였고 문화의 차이도 극복하기 어려웠다.

시어머님은 아닌 걸 아시면서도 며느리를 괴롭혔다. 남편이 직장을 쉬고 몇 달 시집살이를 할 때였다. 산후조리가 시원치 않아 급성 관절염으로 다리를 저는 며느리가 낯설고 힘든(시댁의 무쇠 뚜껑, 칼도마가 어찌나 크고 무거운지 힘에 겨웠고 식수는 펌프였다.) 부엌에서(식구 13명) 허우적거려도 시누이들에게 도와주라는 말씀 한마디 없으셨다. 그래도 남편은 마누라가 안쓰러웠던지 동생들에게 새언니 좀 도와주라고 한마디 했다가 집 안에 벼락이 떨어졌다. 어디서 제 여편네 역성을 드는 거냐고 시어머니와 시누이들이 삼일절 독립운동처럼 들고 일어났다. 그런 어머니도 그게 옳지 않다는 것은 뻔히 아시는 분이었다. 동네 아주머니가 대문 앞에 들어서면 어디선가 재빨리 부엌으로 오셔서 나의 등을 밖으로 밀어 내셨다. 말(馬)만 한 시누이들이 그득한 데 다리 저는 비쩍 마른 며느리만 부엌에 있더라는 소문이 두려우셨던 어머니다.

동서와 나는 곧잘 죽이 맞아 시댁 흉보는 낙으로 시집살이를 극복했다. 뭐든 풍습이 달라서 그렇다며 어머니와 동생들의 잘못을 감싸던 남편이었다. 그러나 같은 지역의 동서가 들어오자 '풍습이 달라서'를 일시에 불식시켰다. 처음엔 적이 한 사람 늘었다고 걱정했는데 다행히 동서는 나와 정서가 맞는 사람이었다. 사람 사는 데 옳고 그름을 재는 잣

대는 동서고금을 초월하는 철학 아니던가.

길안댐이 생기는 관계로 그동안 홀로되신 할아버님과 어머님, 막내 시누이와 한집에 살게 되면서 기막힌 시집살이가 본격적으로 시작되었다.(그동안 할머님과 아버님이 작고하셨다.)

난 참 많이 울었다. 어머님이 나보다 덩치도 크셨지만 무서워서 한마디 대꾸도 못 했다. 꼭 남편이 출근하고 나면 그때 일어나시고 막내 시누이는 팔짱 딱 끼고 식탁에 앉는다. 그런 다음 어머님이 내 방으로 오셔서 코앞에 손가락을 들이대며 삿대질을 하셨다. "너 왜 내 아들에게 아들 하나 안 안기냐. 딸에게 재산 다 줄 거냐."로 서슬 퍼렇게 일과를 시작하셨다. 무슨 재산이 얼마나 많길래 저러시나. 여차하면 머리채라도 잡을 기세라 다리가 후들거리고 눈물만 하염없이 흘렀다.

딸만 낳는다는 것과 내가 자꾸 아파서 남편 등골 빼먹는다는 건 내가 노력해서 되는 게 아닌데 어쩌란 말인가. 자꾸 쓰다가 소설이 되겠다. 어머니도 이미 가신 분이니까 이만 독자들의 상상에 맡기기로 한다.

어머니는 댐 보상금으로 나온 전부를 가지고 대구의 작은아들네로 가셨다. 할아버지와 제사는 그래도 맏이의 책임으로 내가 모시기로 했다. 할아버지는 작은아들도 계셨으나 장손인 우리가 모셨다. 할아버지는 물 한 그릇이라도 떠 놓을 사람은 너희라며 그 보상금을 절대로 주지 말라고 극구 말리셨다. 우리는 할아버지의 그 고마운 마음만 받기로 했다. 어머니랑 함께 살지 않는 것만으로도 날개가 돋는 듯 홀가분했다.

  오래지 않아 작은며느리와의 불편한 속내를 드러내신 어머니를 난 모른 척했다. 자꾸 이 집 저 집 다니시면서 자식들에게 이간질도 하시는 어머니가 어느 순간 불쌍하게 다가왔다. 하여 온전히 대접도 못 받고 사셨던 어머니가 오늘은 아프게 다가온다.
  시동생과 동서가 요식업을 하는 관계로 혼자서 이리저리 다니시다 교통사고로 병원에 입원하셨다. 얼마 후 요양병원으로 옮기자마자 이권에 밝은 셋째 시누이가 얼른 요양보호사 자격을 취득했고 사고 보상금을 목돈으로 챙겨 자기 집으로 모셨다. 요양보호사가 환자인 부모를 모시면 1인당 월 50만 원씩 나온다고 한다. 기저귀와 콧줄로 제공하는 음식물은 그 금액으로 해결된다고 보험금은 그대로 남는다고 한다. 그 문제로 동서와 시누이 사이에 전쟁이 발발했다. 보상금 몇 푼에 어머니를 서로 모시겠다고 저 난리라니….
  난 맏며느리면서도 팔짱 끼고 구경만 했다. 동서는 시누이가 보험금만 챙기고 나중에 다시 어머님을 맡게 될까 봐 완강히 반대를 하고 나선 것이다. 시누이 남편까지 나서서 장모님 모시겠다고 읍소하니 병석에 있던 남편은 자기 여동생의 손을 들어 주었다. 동서가 1패를 당한 셈이다.

그렇게 두 해가 지나는 동안 남편이 먼저 세상을 떠났다. 어머니는 치매 증상까지 보이고 시누이는 다시 값이 싼 요양원을 알아본다는 소식이 들려왔다. 좁은 아파트에서 대소변 냄새 때문에 식구들은 견딜 재간이 없었을 터였다. 드디어 2년짜리 효도가 대단원의 막을 내렸다. 어머니가 덜컥 돌아가셨다는 비보를 접한 것이다.

난 KTX를 타고 대구로 가는 내내 가슴이 답답했다. 빈소에 도착하면 이 답답함을 시원하게 토해 놓고 싶었다. 그러나 이미 장례식장은 잔치 분위기로 무르익어 있었다. 웃고 떠들고 나오던 눈물마저 쏙 들어갔다.

그 보험금을 고스란히 챙기게 된 시누이는 표정 관리 좀 할 것이지 이 올케가 민망할 지경이었다.

긴 터널을 빠져나온 지금은 밝은 햇살 아래서 딸들과 함께 행복한 삶으로 충만하다.

이승에서의 미움과 원망을 몽땅 안고 가신 어머님이 모든 걸 다 잊고 편히 쉬셨으면 좋겠다.

추억이란 알록달록
곱게 엮어 놓은 조각보 같다
떠난 사람이 그리운 봄날
다홍치마 펼쳐 놓고 훌쩍이다가
하늘 한번 올려다보면
샘물처럼 기운이 솟기도 했다

모진 시집살이도 해방을 맞아
바지랑대 쑥 뽑아 휘둘러 봐도
걸리는 것 하나 없다는 것이
어디 홀가분하기만 한 것이더냐

딸 셋 내리 낳고 눈치를 보는
기죽은 맏며느리가 측은했던지
다문다문 수제비 뜯어 넣고
북엇국 끓여 주신 시어머니가
아른아른 그리운 봄날이다

「아른아른 그리운 당신」 임솔희 作

나는 여왕보다 행복합니다

◇◇◇

작은 단독에서 소박한 삶을 꾸린 지도 십여 년을 훌쩍 뛰어넘었다. 옛 시골집을 연상하는지라 홀로 살며 고향의 향수를 달래 주는 데는 손색이 없는 집이다.

처음에는 뭘 몰라서 좁은 공간에 이것저것 마구 심어 놓았다. 보는 사람마다 너무 뵈니(?) 가운데 한 포기씩 뽑아내라고 훈수를 둔다. 뵈니? 보이니? 말귀를 못 알아들으니 아마도 너무 촘촘하게 심었다는 거라고 미루어 짐작했다.

싹이 나고 열매를 따고 신세계(?)가 펼쳐지는 세상을 경험하니 모든 것이 신기하고 경이로웠다.

생각 없이 현관 앞에 자두나무를 심어 놓고 어찌할 바를 몰라 허둥대기도 했다. 자두나무가 쑥쑥 자라 주렁주렁 열어 대니 출입구가 딱 막혀 난감했다. 눈물을 머금고 나무를 잘라 내는 아픔을 겪었다.

이제 대충 농사의 기본을 익혀 가고 있다. 상추, 쑥갓, 호박, 고추 등을 심었다. 처음에는 고추 묘목을 삼십 포기 정도 심어도 다 병들어 실패를 경험했다. 이젠 다섯 포기 정도를 심어 정성을 들이는 걸로 만족한다.

지난겨울, 혹처럼 붙어 있던 옆집 폐가를 헐어 낸 주인이

측량을 하더니 열 평 정도를 내 땅이라고 내어준다. 등기된 땅이라 당연한 거지만 공짜로 땅이 굴러온 것처럼 반갑다. 뜻하지 않게 옆구리에 텃밭 한 자락이 생겨 수박, 참외, 토마토 등을 심었다. 줄기를 뻗고 꽃이 피는 과정을 들여다보면 날마다 행복했다.

그런데 어느 날 두둥실 수박이 달려 눈앞을 환하게 비추고 있었다. 벌들이 날아와 꽃을 탐하는 것도 예뻐 보였으며 참외도 작은 열매를 맺기 시작한다. 벌써 방울토마토는 익어 가기 시작해서 한 줌씩 맛있게 따 먹는다. 싱싱한 것이 입속으로 들어가는 이 소소한 행복은 가꾸는 자만이 누리는 특권이 아닐까 한다.

이름 없는 시인(?)으로 살고 있지만 틈틈이 글을 쓰며 하루를 접는다. 이 작은 유토피아에서 텃밭 식구들과 어우러져 고만고만한 행복에 퐁당 빠져 살고 있으니 부러울 게 없다. 고대광실에 금은보화가 내게 무슨 소용이란 말이냐. 내가 다스릴 수 있는 만큼만 소유하는 게 '맞춤행복'이라는 생각을 한다.

해마다 여름이면 봉숭아꽃을 따 손톱에 꽃물을 들이는 것도 연례행사로 자리 잡았다. 평생 손톱 관리나 매니큐어 한번 발라 주지 못한 나의 손톱이 호강하는 유일한 계절이다. 저 위에 그분이 부를 때까지 나는 이런 생활을 계속하고 싶다.

소원이라면, 너무 오래 병석에 머물러 있어서 주변에 짐이 되지 않았으면 좋겠다.

행복이 뭐 별거더냐. 욕심을 내려놓으니 평화롭게 물처럼 흘러가는 일상이 참으로 아늑하고 편안하다.

제5부

이 남자가 사는 법	다섯 살의 하트
그 남자 이야기	일흔이나 일곱이나
귀여운 남자	할머니와 함께 쓴 동시
선물	69와 6의 대화
슬픈 대화	황당한 녀석
허당의 美	예쁜 입에서
가위바위보	밀당

이 남자가 사는 법

◇◇◇

준휘 엄마가 직장에 복귀하면서 나는 준휘의 등하원을 맡아 하기로 했다. 당시 세 살의 준휘는 엄마와 떨어지지 않으려고 발버둥 치며 떼를 쓰고 울었다. 그걸 떼어 놓고 달아나듯 출근을 서두르던 엄마는 얼마나 가슴이 아팠을까 생각하면 콧등이 찡하다. 준휘는 눈치가 빤해서 할머니가 있으면 엄마가 출근한다는 사실을 알고 있었다. 그러니 극도로 나를 미워했다. 내가 문을 열고 현관을 들어서면 잔뜩 신경을 곤두세웠다.

"가! 오지 마."

자기 주변에 다가가는 걸 경계하면서 곁을 주지 않았다. 아직 대소변도 못 가리고 기저귀를 착용하고 있던 준휘는 엄마가 세상에서 제일 좋을 나이였다. 엄마가 준휘를 붙잡고 타이른다.

"엄마 회사 가야 해. 준휘는 어린이집 가야지. 이따 저녁에 만나."

아이는 울음을 터트렸다.

"싫어. 할머니가 회사 가."

준휘야. 엄마와 할머니가 바꿀 수 있는 역할이라면 오죽 좋을까.

아이들이란 그 나이답게 단순하다. 엄마랑 함께 있을 때면 할머니를 지청구하다가도 일단 엄마가 출근하려고 현관에서 신발을 신는 순간 가지고 있던 장난감을 쑥 내밀었다. 배우가 큐 사인을 받고 개시하는 동작과 흡사했다.

"할머니, 이거 할머니 가져."

"어머나. 얘 좀 봐."

준휘 엄마가 웃는다.

"준휘가 세상을 살아가기 위한 방편이래요."

그 남자 이야기

◇◇◇

"우리 친구 할까?"

그 남자가 손을 내밀었다. 얼른 그가 하자는 대로 손가락을 걸고 지장을 찍고 복사도 하고 사인을 한다.

"이제 우리는 친구네."

그가 선언하고 내가 그렇다고 못을 박는다.

까칠한 성격의 그 남자는 낯을 심하게 가렸다. 그의 어머니는 내가 그와 가까워질 수 있도록 신경을 썼다. 아들을 따끔하게 혼내기도 하고 달래기도 하며 애를 썼다. 처음에는 나와 얼굴만 마주쳐도 울음을 터트리며 가라고 막무가내로 소리를 질렀다. 남자는 늘 책과 장난감으로 둘러싸여 있었다. 장난감 모조 뱀은 얼마나 정교하게 만들어졌는지 손에 닿기만 해도 나는 기겁을 했다. 나의 약점을 알아차린 남자는 나를 방으로 밀어 넣더니 뱀 두 마리를 가져다 휙 던져 놓고 방문을 탁 닫아 버렸다. 내가 소름 돋게 싫어하는 뱀과 함께 갇힌 것이다. 그 순간 나도 머리를 굴리며 문을 열어 그를 불렀다. 끔찍하게 싫은 뱀 두 마리를 가슴에 끌어안고 사랑스러운 듯 목소리 연기를 한다.

"준휘야 고마워. 나 뱀 얼마나 좋아한다고."

예상은 적중해서 그는 재빨리 뛰어와 뱀을 낚아채듯 빼앗아 나가 버린다.

아이, 통쾌해라.

나는 그와 친해 보려고 별별 짓을 다 했다. 지성이면 감천이라고 이제 여기까지 온 것이다.

그의 어머니는 장난감 공룡이 가득 든 박스를 현관 밖에 놓고 날마다 한 마리씩 주고 환심을 사라고 일렀다. 공룡을 손에 들고 들어가면 공룡을 좋아하는 남자는 일단 들어와도 좋다는 허락을 했다. 그때부터 그는 나를 공룡 할머니라 불렀다. 그렇게 마음을 열자 내면 곳곳에서 그의 따뜻한 심성을 엿볼 수 있었다. 내가 조금 다친 상처를 보여 주면 안쓰러운 표정을 지으며 얼른 밴드를 가져다 붙여 주기도 한다. 인정도 있고 엉뚱한 데도 있는 남자였다. 내가 무엇을 갖고 싶다고 하면 서슴없이 '내가 사 줄게!' 한다.

하원 버스에서 내려 집 앞에 있는 공원을 둘러본 적이 있다. 마침 비둘기 떼들이 한가롭게 산책을 하고 있었다. 한 마리, 두 마리, 세 마리 세던 중 갑자기 "저기 할머니 세 마리가 앉아 있네."라고 벤치를 가리키며 소리를 질러 대략 난감한 상황을 만들기도 했다.

또 공룡을 좋아해서 백 마리가 넘는 공룡의 이름을 거뜬하게 외우고 있다. 글을 모르니 간혹 틀리기도 한다. 공룡 이름을 하나도 모른다고 나를 깔보는 눈치였는데, 이름표가 붙여진 공룡은 내가 틀린 이름을 지적하니 아니라고 완강히 우긴다.

내가 술술 이름표를 읽어 갈 때면 경이로운 시선으로 바라보는 그였다. 공룡에 이름표가 없는 공룡에 대해 질문을 하면 알면서 묻는다고 벌컥 화를 내기도 한다.

현관에 장난감 자루가 놓여 있었다. 이게 뭐냐고 물으니 "드림 할 거야. 할머니 드림 알지? 내가 애기 때 갖고 놀던 거야. 지금은 수준이 안 맞아서 드림 할 거야." 똑 소리 나게 설명을 한다.

익산 본가에 내려가 온 식구가 마당에 둘러앉아 고기를 굽는데 느닷없이 '공룡 할머니도 빨리 와서 고기 먹게 전화 좀 하라'고 소리를 지르는 통에 박장대소했다고 남자의 어머니가 귀띔해 주었다.

이 친구 1년 동안 몸과 마음이 부쩍 자랐다. 그동안 대소변도 가리고 떼쓰는 버릇도 사라지고 의젓하다.

언어 구사력은 얼마나 뛰어난지 깜짝깜짝 놀랄 때가 종종 있다. 가령 '막상막하', '심지어' 등 다소 어려운 단어를 적재적소에 활용할 줄도 안다.

뭐든 이겨야 직성이 풀리는 생후 40개월짜리 이 친구는 매우 똑똑하다. 작고 앙증맞은 어깨에 짊어진 가방 속엔 일용할 양식을 담아 먹을 식판과 수저 한 벌이 들어 있다. 갈아입을 속옷이나 바지와 양말 몇 벌은 어린이집 사물함에 쟁여 놓는데 가끔 소변을 실수하면 바지를 갈아입고 돌아오기도 한다. 그런 날은 젖은 바지 한 벌도 여지없이 가방에 담아 짊어지고 오는 남자다.

오늘도 버스에서 내리는 남자의 가방을 받아들고 걸어오면서 "왜 오늘은 가방이 무거울까?" 물었다. 남자는 주위를 둘러보며 심각한 어조로 사람들이 들으니 그런 건 집에 가서 물어보라고 점잖게 타이르는 모습도 의젓하다.

미나리를 데쳐 무치고, 쇠고기를 다져 볶고, 달걀을 하나 반숙으로 부쳤다. 양파 볶음과 숙주나물 등을 준비해 비빔밥을 만들어 주니 다행히도 입에 맞는지 달게 먹는다.

"할머니가 해 주는 건 다 맛있어요. 이런 거 처음 먹어요."

나이답지 않게 감사함을 표현하는 방법이 능숙하다.

배변을 할 때도 냄새나니까 멀리 떨어져 있으라고 일러두는 배려도 잊지 않는다.

불과 1년 사이에 참 많은 변화를 감지하며 격세지감을 느낀다. 나는 이 친구와 함께하는 시간이 즐겁고 행복하다. 메말라서 삭막한 나의 삶에 생동감을 불어넣어 주는 유쾌한 친구다.

귀여운 남자

◇◇◇

밥을 푸고 나서 누룽지를 긁어 한 쪽을 입에 넣고 씹으니 오도독 소리가 난다.

"할머니 뭐 먹어?"

여섯 살의 남자가 묻는다.

"누룽지야."

나는 조금 떼어 그의 입에 넣어 주었다.

아기 새처럼 오물거리는 입매가 귀엽다.

"고소하고 맛있지?" 하고 물으니 고개를 끄떡인다.

무를 썰다가 푸른 머리 부분이 먹음직해서 한 도막 베어 물고 아삭아삭 씹으니 배보다 맛난 게 시원하다.

이 남자가 또 호기심 어린 눈빛으로 바라본다. 얼른 작은 도막 하나 입에 넣어 주니 오물오물 씹으며 어정쩡한 표정이 된다.

"시원하고 맛있지? 과자보다 사탕보다 몸에 좋은 거야."

나는 그의 답을 강요했다. 마지못해 고개를 끄덕이며 그렇다는 시늉을 한다.

오늘 아침에도 방금 긁은 바삭한 누룽지를 내 입에 넣고 그에게도 내밀었다. 나의 예상은 보기 좋게 빗나갔다. 일단 싫다고 딱 부러지게 거절하고 나서 한마디 한다.

"할머니는 왜 맛도 없는 걸 맛있게 먹어서 내가 먹고 싶게 해요?"

정색하며 따지듯 또박또박 제 의사를 분명하게 밝히는 남자다.

선물

◇◇◇

한 보름 전의 일이다. 준휘가 할머니 가져가라며 여섯 개짜리 필기구 세트를 건네준다. 아직 새것인데 선뜻 할머니 가지라니 믿어지지 않아 재차 물었다.

"정말이야? 정말 가져도 돼? 엄마한테 혼날 텐데."

"나는 또 있어. 엄마는 잘 몰라. 할머니 갖고 가."

준휘는 내 가방을 열고 굳이 넣어 주며 꼭 가져가라고 당부한다.

녀석이 언제 저리 컸을까? 감동이 한 아름 밀려온다.

나는 준휘 몰래 책상 서랍에 필기구를 다시 넣어 두었다. 그런데 오늘 준휘의 눈에 띄고 말았다. 준휘의 표정이 일그러진다.

"할머니 이거 안 가지고 갔어?"

"응. 엄마한테 준휘 혼날까 봐."

"그럼 이리 내. 안 받으려면 그만둬."

섭섭해하는 준휘의 표정에 나는 머쓱해졌다. 그러는 사이 준휘 엄마가 퇴근해서 현관에 들어선다.

"다녀왔습니다."

그때 준휘가 예의 그 필기구를 재빠르게 내 가방 속에 집어넣고 있었다.

"할머니 이거 꼭 갖고 가."

낮게 속삭이듯 말하는 준휘에게 나는 감전된 듯 고개만 주억거렸다. 나와 준휘는 동시에 완전 범죄를 꿈꾸는 공범이 되어 버린 것 같았다. 준휘 엄마에게 차마 발설할 수가 없었다.

"준휘 안녕?"

"할머니 주말 잘 보내세요."

의젓하게 주말 잘 보내라고 인사를 건네는 녀석을 뒤로하고 귀가를 서둘렀다.

슬픈 대화

◇◇◇

한 달 남짓 되었나? 늘 혼자였던 등굣길에 은서라는 여자애와 동행이 시작되었다.

군인 장교인 아빠를 따라 이사한 은서의 예쁜 얼굴에 날씬한 모습은 준휘의 온 정신을 쏙 빼놓기 충분했다. 준휘는 며칠 동안 엄마에게 은서 이야기만 했으니까.

그런 은서에게 7개월 된 남동생이 있었는데 낯을 가리지 않고 눈만 마주치면 방긋방긋 웃어 주는 귀여운 아가였다. 은서 엄마는 동생을 태운 유모차를 밀고 은서의 등하굣길을 보살핀다. 그 후로 은서와 준휘는 자연스럽게 친구가 되었던 것이다.

은서를 본 첫날부터 준휘는 상기된 표정으로 은서랑 결혼하겠다고 선언했다. 예쁜 담임 선생님하고 결혼한다고 몇 날 며칠을 읊어 대더니 여름날 숙주나물처럼 변해 버렸다. 영문도 모르는 일패를 당한 선생님이 참 불쌍하다. 저 혼자 결정하고 혼자 허물어 버리는 준휘는 상대의 결정권 따윈 안중에도 없다.

은서는 무조건 자기와 결혼해야 한다고 강조한다. 머리 묶고 치마 입은 다소곳한 여자를 좋아하는 녀석은 어쩌면 한국적인 남자인가 보다. 머리 묶고 치마 입은 여자애들을 보면 마음속에서 하트가 마구 꿈틀거린다고 말한다.

어제 하굣길에 은서가 제 엄마에게 동생을 하나 더 낳아 달라는 부탁을 했다. 준휘는 듣지 못했고 나 혼자 그 말을 들었다. 은서 엄마가 조용히 고개를 가로저었다.

"힘들어서 안 돼."

그래도 은서는 막무가내로 제가 기저귀 갈고 우유도 먹인다고 떼를 썼다. 그 광경을 물끄러미 바라보다가 살며시 웃으며 돌아섰다.

집에 들어와서 옷을 갈아입히고 손을 씻기고 나서 준휘에게 말했다.

"은서는 엄마에게 동생 또 하나 낳아 달라고 하더라."

의자에 앉아 있던 녀석이 번개처럼 벌떡 일어난다.

"그럼 안 되지. 하나는 내 동생 해야지."

준휘의 진지하고 단호한 태도에 멈칫했다.

"아, 준휘도 동생이 갖고 싶구나."

준휘가 고개를 끄덕인다. 아마 녀석도 예쁜 동생을 가진 은서가 많이 부러웠나 보다.

준휘 엄마는 어렵게 준휘를 얻었다. 의술의 힘으로 준휘를 낳았으니. 엄마는 동생을 낳아 주지 못해 외아들 준휘에게 늘 미안한 마음이다. 그러나 동생 이야기만 나오면 동생이 자기의 장난감을 다 뺏어갈 거라며 싫다던 준휘였기에 이런 반응은 의외였다.

  그 이튿날 등원길 스쿨버스를 기다리던 중 은서 엄마에게 그 이야기를 꺼냈다. 은서 엄마도 박장대소한다. 아직 배지도 않은 동생인데 엄마들 의사와는 상관없이 저희끼리 거래를 한다. 준휘가 새로 낳을 동생을 달라고 하니까 은서는 서슴없이 그러겠다고 한다. 아이들 세계는 참 단순하고 일 처리도 고민 없이 시원시원하다. 도무지 따지고 재는 게 없다.

  오늘 아침 등원길에 은서가 준휘를 부르더니 유모차 이야기를 꺼냈다.

"준휘야, 너 유모차 있어?"

"없어. 드림 했는데…."

  녀석이 뭔가 불길한 예감이 드는지 말끝을 흐린다. 은서가 최후통첩을 한다.

"그럼 동생 못 주겠네."

  유모차가 없으니 엄마가 동생을 하나 더 낳으면 준휘에게 주겠다는 약속을 지킬 수가 없다고 은서가 딱 잘라 말한다.

  아, 이렇게도 허무하게 다섯 살 준휘의 동생을 얻겠다는 부푼 꿈은 산산조각이 나 흩어지고 말았다.

허당의 美

◇◇◇

준휘에게 어린이날 무얼 사 줄까 물었더니 1초도 망설이지 않고 로봇을 사 달라고 한다.

도대체 왜 이렇게 비싼 거야.

작은 것은 너무 무성의해 보이고 조금 괜찮다 싶으면 예상한 금액을 훌쩍 뛰어넘는다. 적당한 가격에 적당한 물건이 존재하긴 글렀구나. 다른 곳에서 지출을 줄여 보는 수밖에 방법이 없다.

요즘 애들에게 가장 인기가 많아 영화나 TV에도 등장한다는 로봇을 거금(?)과 바꾸어 왔다. 무슨 큰 기대를 한 건 아니지만 이 친구가 선물을 내밀어도 시큰둥한 게 거들떠보지도 않는다. 뭐야. 갖고 싶대서 얼마나 큰맘 먹고 샀는데 버려진 헌신짝 취급을 하는 건가. 그렇다고 그 맑은 동심의 면전에서 벌컥 화를 낼 수는 없으니 느긋느긋 진정하느라 호흡을 가다듬는다.

어젯밤 제 아빠하고 조립해서 한구석에 세워 둔 로봇이 눈에 들어왔다.

"준휘야, 너 저거 싫어하니까 도현이 갖다 줘도 되지?"

"안 돼요. 내 거예요."

"내가 샀는데 왜 네 거야? 내 거지."

그 말에는 대꾸를 못 하더니 숨겨야겠다고 중얼중얼하면서 이리저리 장소를 물색한다. 나는 터지려는 웃음을 간신히 참으며 그 모습을 즐기고 있었다.

"할머니, 어디다 숨겨야 할머니가 못 찾아요?"

예상 못 한 질문이 불쑥 들어왔다.

"응, 너 자는 침대 밑에 숨기면 할머니가 절대로 못 찾을 거야."

"정말이에요?"

통통거리며 로봇을 안고 제 방으로 달려가는 준휘를 보며 배를 움켜잡고 데굴데굴 굴렀다. 눈물이 쏙 빠지게 한참을 웃고 나니 이게 무슨 짓인가 싶다. 할미가 손자 놀려 먹는 재미에 빠져 희희낙락이라니. 밥을 먹을 때도 자다 깨서도 슬금슬금 웃음이 삐져나오는 걸 어쩐다지?

숨바꼭질 놀이를 할 때가 있었다.

가위바위보로 술래를 정하고 제가 술래를 할 때 숨소리도 죽이고 열어 놓은 방문 사이에 숨었다. 아이는 지나치면서도 찾아내질 못하고 급기야는 울먹인다.

"할머니 어디 있어요?"

"여기."

그때야 활짝 웃음을 찾는 친구다.

내가 술래가 되면 통통 튀는 발소리로 방향이 다 드러난다. 그런데 찾으라고 소리를 지르는 순진한 녀석이라니.

이번에는 내가 술래가 되었다. 식사 시간이 되어 주방으로 향하고 준휘는 제 엄마 방으로 통통거리며 숨으러 간다. 그러거나 말거나 나는 말로만 '어디 있더라', '어디 숨었을까' 하면서 하던 일을 계속한다.

한동안 숨어 있던 준휘는 술래가 저를 찾지 않는다는 걸 깨닫고 왜 안 찾느냐고 벌컥 화도 낼 줄 아는 남자다.

언어를 다루는 능력이 빼어나 깜짝깜짝 놀라게 하는 녀석이다. 그런데 저리 천진난만하게 허술한 구석이 자리하고 있다니 귀여운 녀석이다.

어린아이가 너무 되바라지고 영악한 건 좋지 않다는 게 평소 나의 지론이다. 어려운 사람을 챙길 줄 알고 이웃을 돌아볼 줄 아는 품성을 가진 어른으로 자랐으면 한다.

이제 두 달 후면 만 4살이 되는 준휘의 매력은 똑똑하면서도 아이다운 허당의 미(美)에 있지 않을까 생각한다.

가위바위보

◇◇◇

준휘와 나는 곧잘 가위바위보 놀이를 한다. 승부욕이 강한 준휘는 연거푸 두 번만 지면 그만 울음을 터트린다. 뭘 내는지 이미 패를 다 보여 주니 백발백중 이길 수 있다. 그러나 준휘의 기분을 맞춰 주려고 져 주는 경우가 다반사다.

그런 준휘가 제법 머리도 쓴다. 내가 제안을 했다.

"나는 주먹을 낼 건데 준휘는 가위 낼래?"

녀석은 잠시 의아한 표정을 짓더니 회심의 미소를 짓는다.

"알았어."

"가위바위보!"

이런. 각자 계산이 달랐다. 가위를 낸다던 준휘는 이기려고 보를 냈고 그 눈치를 잽싸게 알아챈 나는 가위를 냈던 것이다. 준휘는 그만 '으앙' 울음보를 터트리고 만다.

"할머니 미워. 주먹 내기로 하고 왜."

"준휘도 가위 내기로 하고 왜 보를 냈어? 우리 똑같이 잘못했네."

출근 준비를 하던 제 엄마가 그걸 보고 속으로 애나 어른이나 똑같다고 한심하다고 혀를 찰 듯하다. 그러나 어쩌랴. 나도 준휘랑 있으면 그 남자의 눈높이로 돌아가 동심에 흠뻑 젖는 걸 말이다.

다음 날 제 엄마에게 교육을 받은 녀석이 해맑게 다가온다.

"엄마가 지는 게 좋은 거래. 이제 할머니가 이겨도 괜찮아요."

이거 뭐야. 할머니 인격(?)이 완전히 낭떠러지 아래 바닥으로 굴러떨어지고 있다.

다섯 살의 하트

◇◇◇

 늘 엉뚱한 말과 행동으로 나를 당황하게 하던 친구가 어느덧 5살이 되었다. 여전히 떼를 쓰기도 하고 이기적이지만 때로는 의젓하고 때로는 배려할 줄도 아는 자상한 남자다. 우린 평생 변치 않는 친구가 되자고 손가락을 걸어 맹세한 사이다. 하지만 여느 커플들처럼 싸우고, 토라지고, 화해하기를 반복해도 내겐 너무 사랑스런 남자다.

 이 남자는 어린이집 차를 타고 등원을 한다. 그런데 어린이집 승합차를 타러 가는 길에 그만 넘어지고 말았다. 나는 얼른 일으켜 세워 무릎에 묻은 흙을 털어 주었다.
 "앞을 잘 보고 걸어가야지."
 "할머니, 앞을 똑바로 보고 걸었는데요. 땅바닥이 일어나 나를 탁 쳤어요."
 "이런, 그랬구나. 이젠 땅바닥이 일어나거든 준휘가 먼저 꽉 밟아야겠다. 그렇지?"
 나는 이 남자의 익살스러운 재치에 웃음이 터져 나왔다. 엔도르핀(endorphin)이 팍팍 샘솟는 것이다.
 오! 행복한 아침이여.

늦잠을 자느라 제 엄마가 출근하는 걸 못 본 남자가 깨어 엄마를 찾으며 울먹인다. 나는 남자를 꼭 안아 주었다.

"엄마가 준휘를 보고 가려고 했는데 안 일어나서 그냥 갔어. 회사 늦으면 선생님께 혼난다고 막 뛰어갔어. 준휘 못 보고 가서 미안하다고 저녁 때 만나자고 했어. 알겠지?"

남자는 알아들었다고 고개를 끄덕여 준다.

이리 뛰고 저리 뛰고, 콩 튀고 팥 튀듯 등원준비를 서둘렀다. 잘생긴 외모에 말쑥한 원아 복장을 한 남자가 가만히 속삭였다.

"할머니, 나 이제부터 할머니를 좋아할래요. 마음속에서 하트가 막 꿈틀거려요."

나는 화들짝 놀랐다. 마냥 아이인 줄 알았는데 어찌 저리 달콤하고 깜찍한 언어를 구사할 수 있는지 역시 늠름하고 멋진 친구다.

응가를 한다고 거실에 놓인 제 변기에 앉아 있더니 미안했는지 "할머니 똥이 많아서 무겁겠네." 한다. 슬며시 장난기가 발동한 내가 응수를 한다. "그래? 그럼 함께 들고 가자."라고 하니 대뜸 "싫어요. 냄새 나요." 한다.

평소에 내가 냄새난다고 하면 기분 나쁘다는 듯 "우리 엄마는 예쁘다고 했어요." 하던 남자다. 그런데 오늘은 제 똥도 냄새나서 싫다고 실토를 하는 친구다.

가끔 팽이 놀이를 했다. 팽이 두 개 중 하나는 힘차게 돌고 하나는 부실하고 허약하다. 늘 지는 놈만 지니 이 친구는 제가 성능 좋은 걸 고르고 지기만 하는 팽이를 내게 주면서 경기를 하자고 한다.

준휘가 먼저 출발하고 나는 되도록 시간을 끌다가 출발한다. 매사 똑 부러지는 아이가 이 불공정한 부분을 놓치다니 의외였다. 그렇게 편법을 쓰니까 게임이 중심을 잡는 듯했다.

"이겨라. 이겨라. 우리 팽이 이겨라."

응원 덕분인지 내 팽이가 이기니까 화를 벌컥 냈다.

"그러지 마. 얘가 알아듣잖아."

"알아듣고 이긴 거야?"

"그래."

그랬던 남자가 며칠 사이에 부쩍 자라서 오늘은 동시에 출발하자고 버틴다. 이 게임은 백발백중 이 남자가 이기게 되어 있으니 이 남자는 신나고 나는 재미가 없다.

일흔이나 일곱이나

◇◇◇

이제 일곱 살의 남자와 일흔 살의 여자가 그림을 그렸다. 서로 마주 앉아 상대방의 초상화를 그려 주고 책을 읽어도 하루가 지루하다. 유치원의 한 아이 엄마가 확진자로 밝혀져 비상 사태로 격리 중인 시기였다.

이 남자는 아이언맨을 좋아한다. 스칼렛 위치를 좋아하고 결혼까지 꿈꾸는 남자다. 하루는 미술 시간에 ○○가 옆에 오더니 '나는 너를 좋아한다'라고 말했다고 한다.

"그래서 뭐라고 했니?"

"나는 스칼렛 위치를 좋아해서 안 돼."

무자비하게 딱 잘라 거절했다고 한다. 어이가 없어 웃고 말았으나 요즘 아이들 빨라도 너무 빠르다.

그날도 아이언맨 동영상을 보여 달라고 졸라서 인터넷을 검색했다. 앱을 안 깔아서 그런지 한참 찾다가 유료라고 쓰여 있는 영화가 보였다.

"아, 여기 있는데 돈 내야 된대."

"할머니, 나 돈 있어."

남자는 벌떡 일어나더니 제 방에 가서 천 원짜리 한 장을 갖고 온다. 나는 터지려는 웃음보를 조이면서 핸드폰을 위아래로 살피며 능청을 떨었다.

"돈을 어디에 어떻게 넣는 거지?"

이 남자도 난감한 표정이다.

"이따 엄마가 오면 해 달라고 하자. 할머니도 못 하겠네."

일곱 살이나 일흔 살이나 인터넷으로 결제할 줄 모르는 건 똑같다.

할머니와 함께 쓴 동시

◇◇◇

여섯 살 남자를 데리고 공원으로 산책을 간다. 가을의 정취라면 역시 단풍 든 낙엽이다.

"이게 뭐지?"

"은행잎."

"뭐 닮았나 생각해 볼까?"

"부채."

"무슨 색?"

"노란색."

"봄, 여름, 가을, 겨울 중 나뭇잎은 언제 물든다고 했지?"

"가을."

"어라. 부채가 날아가네."

"나비 같다. 그치?"

꽁냥꽁냥 대답을 잘한다. 이렇게 스무고개처럼 이어진 문답으로 문장을 만들어 본다.

은행나무에서
노란 부채가 자꾸 떨어집니다

심술쟁이
바람이 불었습니다

부채는 노랑나비가 되어
팔랑팔랑 날아갑니다

「가을」 **최준휘**

아이의 눈높이에서 아직은 어려운 작업이지만 지식만 쌓아 감성이 메마른 어른으로 성장하지 않았으면 한다. 하여, 사람 사는 세상을 따뜻한 시선으로 바라볼 수 있도록 정서의 바탕을 깔아 주고 싶은 할미의 욕심이다.

69와 6의 대화

◇◇◇

여섯 살의 녀석이 말끝마다 할머니는 늙었다고 핀잔을 한다. 그러면 나도 질세라 너도 늙었다고 한마디 한다.

"○○는 세 살인데 너는 여섯 살이니 너도 늙었다."

"여섯 살인데 왜 늙어요?"

"나는 어디가 늙었니?"

"할머니는 늙어서 빨딱빨딱 못 일어나요."

그 말을 듣고 녀석의 눈에 비치는 내 모습이 떠올라서 일어나는 연습을 해 보지만 예전처럼 날렵하지 못하고 둔하다.

오늘 아침에도 그랬다.

"할머니 시대는 늙어서 죽고 우리 시대가 올 거야."

"누가 그래. 나는 안 죽을 거야."

"80이나 100까지 살면 다 죽어."

"나는 200살, 아니, 10,000살까지 살 건데?"

"그럼 거북이로 태어나야지."

어디서 주워들었는지 이제 할미니 시대가 끝나고 저희 시대가 온다고 한다. 나는 한술 더 뜬다.

"너도 거북이로 태어나지 그랬니. 그럼 오래오래 살잖아?"

"나는 그걸 몰랐어. 그래서 사람으로 태어났지."

거북이가 오래 사는 줄 미리 알았으면 거북이로 태어났

을 거라는 녀석의 한 마디에 배꼽을 잡고 웃었다. 녀석의 말처럼 우린 지는 태양이고 이 아이는 갓 눈뜬 새싹이다. 맞는 말이지만 한편으론 어쩔 수 없이 서글프다.

황당한 녀석

◇◇◇

감기 끝자락이라 녀석이 연신 누런 코를 흘리며 훌쩍거린다. 제 엄마가 코에다 휴지를 대고 "흥" 하고 코를 풀라고 한다. 그대로 대고 "흥" 하자 시원하게 코가 쑥 빠져 나왔다.

엄마가 출근하고 할미와 둘이서 카드놀이를 하던 준휘가 말한다.

"할머니, 저 아프니까 잘해 주셔요."

이 말은 카드놀이에서 져 달라는 뜻이다. 즉 자기가 이기고 싶다는 것이다.

"할머니, 저 오늘 유치원 가기 싫어요."

"왜? 어디 아프니?"

"코가 답답해요."

가만 보니 이 녀석 정말 유치원 가기 싫은 내색이 역력하다.

"할머니, 오늘 저 돌봐 주실 수 있어요?"

제가 아쉬우니 사뭇 진지한 표정으로 예의도 깍듯이 차린다. 여섯 살짜리가 유치원 가기 싫다고 저 좀 돌봐 달란다.

"유치원 가서 많이 아프면 선생님께 말씀드려라. 그럼 선생님이 준휘 아프니까 데려가세요, 하시면 할머니가 얼른 갈게."

녀석이 고개를 끄덕인다. 시간 맞춰 준휘를 유치원 등원

버스에 태워 보내고 도망치듯 내달렸다. 하마터면 온종일 녀석에게 잡혀 있을 뻔했지 뭐야.

 아~ 오늘도 무조건 Happy Day!

예쁜 입에서

◇◇◇

여섯 살의 남자가 툭하면 제 어미에게 고자질을 한다.
"엄마, 할머니가 또 눈높이에 안 맞춰 줬어요."

내내 할미랑 제 눈높이의 친구처럼 놀고 나서 딴소리한다. 저는, 제가요, 그랬는데요 등등 제법 교양 있게 예의를 갖추다가도 어느 순간 재밌는 놀이 삼매경에 빠져들면 야, 네가, 이 못생긴 할머니가로 둔갑한다.

나의 존재는 할머니와 제 친구 사이를 왔다 갔다 한다.

오늘도 어이없는 일을 당하니 웃을 수도 울 수도 없었다. '외동'이라 어른들 손에서만 놀다 보니 어른 말투를 따라 배운다. 웬만하면 제 하고픈 대로 따라 주다가 정 아닌 건 매섭게 딱 잘라 멈추게 한다. 눈치 9단인 이 남자는 단호한 할미의 태도에 더는 토를 달지 않는다.

할미의 눈치를 살핀다. 풀죽은 모습이 안쓰럽고 미안해서 나도 표정을 부드럽게 풀고 타일렀다.

"착한 어린이는 그럼 안 되는 거야. 나중에 자라서 나쁜 어른이 되면 아무도 너하고 안 놀아 줄 거야."

이 남자가 그 틈새를 비집고 강펀치를 한 방 날린다.

"네 맘대로 하니까 좋냐. 야! 더럽다, 더러워."

어머나, 할 말을 잃었다. 이 아이는 어디서 이런 말을 배운 걸까. 어린이집과 태권도 학원과 집이 생활권의 전부인데. 이 남자의 부모는 펄쩍 뛴다. 결코 그런 말을 한 적이 없다고 한다. 아마 태권도 학원에서 형들이 하는 얘기를 주워들었거나 제 또래 친구가 어른에게 배운 말을 공유(?)했으리라. 정말 어른들은 애 앞에서 말조심해야 한다.

밀당

◇◇◇

이 남자에게 꽂힌 여자가 있다.

바람둥이처럼 변덕이 죽 끓듯 하지만 늘 보는 여자애하고는 그래도 꽤 오래간다. 예쁜 담임 선생님께 반해서 밤낮없이 결혼할 거라고 세상에서 제일 예쁘다고 읊어 대기도 했다. 그런데 요즘엔 윤서가 좋아 죽겠단다.

장난감 반지와 시계 목걸이 등이 들어 있는 상자를 들고 윤서에게 주겠다고 한다. 나 하나만 달라고 해도 어림없다. 삐뚤빼뚤 부치지 못하는 편지도 쓴다. 어쩐지 짝사랑하는 게 안쓰러워 조언을 했다.

"편지랑 반지랑 윤서 갖다 주고 사이좋게 지내자고 해 봐."

돌아오는 답변은 충격 그 자체였다.

"내가 싫다고 해야지. 자꾸 좋다고 하면 결혼 안 한다고 할 거야."

소위 밀당을 하시겠단다. 아마 드라마 대사를 봤겠지 싶지만 여섯 살짜리의 밀당이 어른 뺨친다.

에필로그

◇◇◇

유난히 길고 무더운 여름이라 힘든 나날이었다. 그래도 사력을 다해 견디고 버텼더니 어느새 조석으로 선선한 가을의 문턱에 닿아 있다. 나이도 들어 가고 면역력도 떨어지고 한 해 한해 다르게 여름나기와 겨울나기가 고통스럽다.

창밖에서 귀뚜라미가 노래하는 이른 새벽에 잠에서 깨어났다. 작은 마당 가득 봉숭아가 피고 지는 오두막도 가을 채비를 한다.

온 누리를 누렇게 혹은 붉게 고운 빛으로 물들여 놓을 시월이 저만치 와 있다.

문득 나는 어떤 빛깔로 익어 가고 있는 것일까 궁금해지는 순간이다.

2024. 9.
오두막에서 임영희